美脚バイブル

―身体の使い方“指南書《トリセツ》”―

美脚インストラクター

吉永桃子

美脚バイブル――
この本は、〈身体の正しい使い方〉を教える本です。

今までトレーニングやセルフケアのやり方を紹介する指南書はあっても、そもそもの〈身体の使い方〉を教える指南書《トリセツ》がありませんでした。

普段、無意識に身体を使っていた人が、正しい使い方を覚えると、見違えるようなボディラインに変わることができます。

一度、この身体の使い方を覚えると、忘れることはほぼありません。すると時間が味方になり、時間が経てば経つほど、身体の機能が向上し、筋肉が柔らかくなり、ボディラインは洗練されていきます。二度と元の自分に戻らない、新しい世界をぜひこの本で知ってください。

〈痩せる〉でも〈筋トレ〉でもなく、まずは〈身体の使い方を変える〉

自分がどのように身体を使っているか、意識したことはありますか？　電車を待っているとき、どんな立ち方をしているか。食事をするとき、どんな座り方をしているか。街でどんな風に歩いているか。そのときバッグはどのように持っているか……。

このような日常生活の動作から、スポーツやダンスなどの動きを含めて、すべての動きには〈適切な使い方〉が明確に存在します。そして身体の使い方に対する理解なしに日常を過ごしたり、エクササイズを行ったりすることで、身体は必要以上に崩れ、機能を失ったアンバランスな体型になってしまいます。

無意識だから自分で気づくことができないのですが、体型の崩れやむくみ、四十肩、腰痛、膝痛などの痛みも含めて、ほぼすべての身体の不具合が無意識のクセによって起きています。でも、体型の崩れや身体の故障は、身体の使い方を変えることで防ぐことができます。これはもともと下半身太りの人や、身体にゆがみがある人でも同じです。運動が好きか嫌いか、年齢なども関係ありません。本当に身体を変えたければ、まず、使い方を覚えてください。正しい身体の使い方を覚えてしまえば、日常生活もヨガもマラソンもスポーツもダンスも、すべてが美しさを高めるための行動となり、身体の機能が向上する機会に変わります。間違えた使い方のままそれらを行ってしまうと身体はどんどん崩れ、故障しやすくなり、使い方を変えると、逆の結果が得られます。そしてその使い方を覚えてしまうと、忘れることはありません。つまり前の身体の使い方には戻りませんから、時間が経てば経つほどかなり大きな差となります。

生まれつきも、年齢も関係ありません。

自分史上最高の美脚へ。

身体の使い方が変わると…

▼

ボディラインがキレイになる

身体の支え方が変わるので、おのずとボディラインが整います。

＋

疲れにくい身体になる

身体の機能が取り戻せると、故障しにくく、疲れにくい身体になります。

＋

元の体型に戻らない

支え方が分かると身体が軽く感じるので、今までの使い方に違和感を覚えます。

＋

柔軟性が増し、しなやかな動きに

関節のねじれが改善することで、柔軟性が増し、しなやかな動きができます。

Contents

1 美脚になるルールがある

2

美脚のルールをクセにしよう

3

目的別、美脚エクササイズ&ストレッチ

4 日常動作でできる美脚ルール

CINDERELLA
BEAUTY METHOD

1

美脚になるルールがある

下半身が太くなる原因とは？

下半身太りで悩む人は、日常で無意識に動かしている身体の使い方に問題があります。下半身太りになる〈無意識のクセ〉に気づき、その動きを改善していくことで、確実に美脚になれます。下半身太りになる要因は、脚だけでなく、上半身の使い方も大いに影響していますが、ここではまず足と脚全体の使い方について確認していきましょう。

足は身体を支える土台ですが、現代人の多くは足裏の筋肉を使って歩くことを忘れています。その原因は地面です。昔は今のようなフラットな地面がほとんどなく、地面が不安定であるがゆえに無意識に足指を使って踏ん張り、バランスを取っていたはずです。それに比べて現代の私たちが立っているアスファルトやフローリングの上では、足指を使わなくても歩くことができます。すると足指の筋肉が発達できず、変形し、土台が崩れます。さらに、硬くフラットな地面は歩いたときの足への衝撃が強く、うまく衝撃を吸収することができないため、足の骨が徐々に変形していきます。変形すると余計に足裏の筋肉がうまく使えなくなり、さらに変形が進むという悪循環に陥ります。土台が崩れると膝、股関節、背骨（肋骨）、肩、首とすべてが徐々に崩れてしまいます。だからまず、美脚になるには〈足裏の使い方をマスターすること〉が大切です。

続いて日本人女性特有とも言えるのが〈内股問題〉です。諸外国と比べても、日本人は特に下半身太りやゆがみのある人が多いです。その原因を考えると〈根強い内股習慣〉が挙げられます。実は、股関節の構造上、膝を内股にする動きは、もっとも股関節の動きが制限され、膝や股関節にゆがみが生じます。さらに、ゆがむがゆえに、むくみやすくなり、また膝や股関節の故障も起きやすくなります。なぜ日本人女性に内股が多いのかということを考えてみると、まず背景として〈着物の文化〉が挙げられます。日常的に着物を着ていた時代は、ほとんど膝を開く機会がなく、座るときも正座をしており、常に股関節に制限のある生活をしていたと考えられます。例えば、日本舞踊も着物を着て踊るがゆえに、膝を開くことはありません（クラシックバレエはその逆で膝を内股にすることがほとんどありません）。そして現在でも日本には〈膝を開くと行儀が悪い〉という教えがあります。そして驚くべきは、まだ４、５歳の小さな子供たちに座り方を教えるときに、内股の座り方を〈女の子座り〉、あぐらを〈お父さん座り〉と教える場合があることです。本来、膝を開くことは股関節にとってとても良いことなのですが、〈お父さん座り〉と教えられてしまうと避けてしまいますよね。そんな様々な要因もあってか、日本には〈内股がかわいい〉という価値観があるため、内股習慣は根強いと感じています。しかし、欧米人にとって日本人女性の内股は〈脚の障害〉だと勘違いされることもあるようです。また、日本では子供が生まれたとき、頭の形がいびつにならないように寝返りをさせる習慣がありますが、韓国やロシアの場合は、脚がゆがまないように親がマッサージをするそうです。日本でも大人が身体についての正しい知識を持ち、脚のゆがみに対して子供のころから意識を持たせることが必要だと考えています。

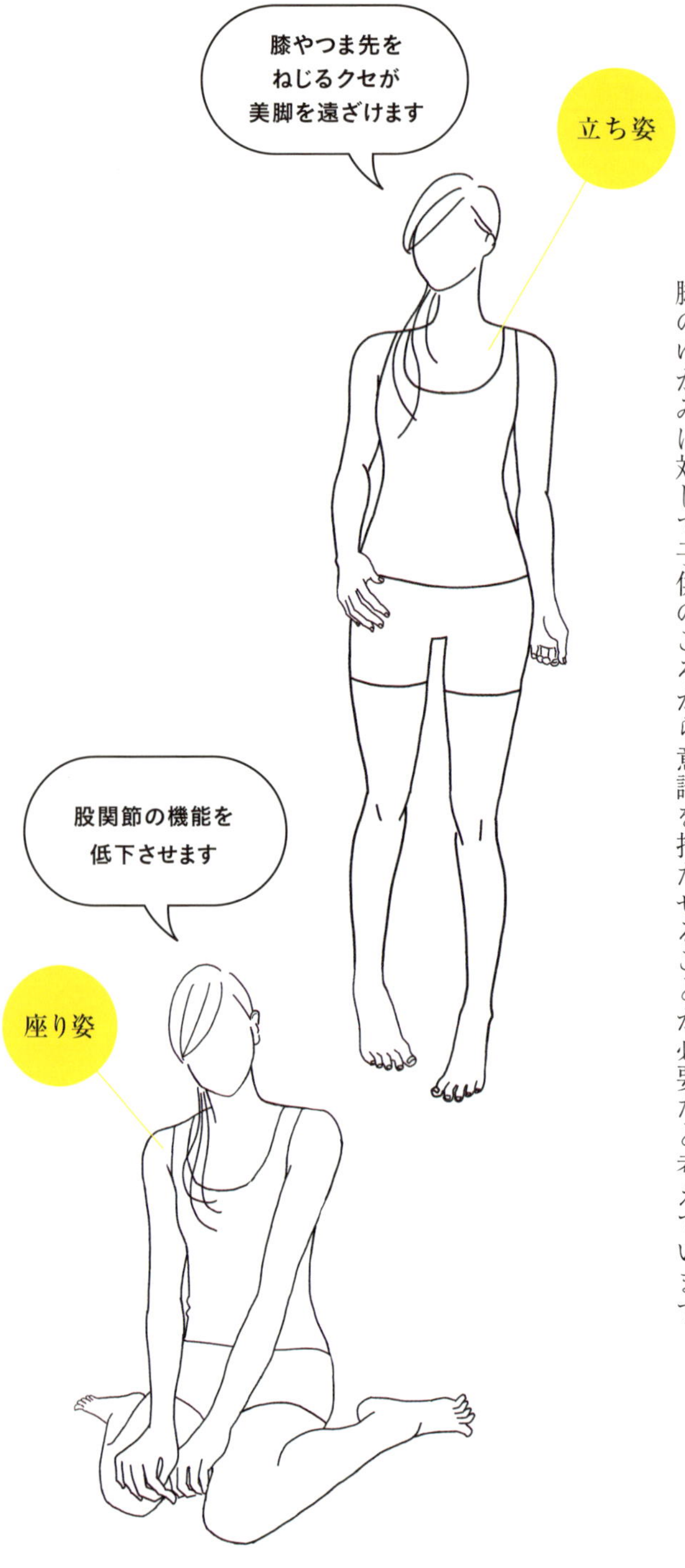

この本で解決できる
下半身太りのタイプは?

〈 答え:すべての下半身太りに対応できます 〉

人の身体は体質や骨格などで個人差があり、下半身太りのタイプは様々ありますが、大丈夫です。

人間の構造上、理にかなった正しい身体の使い方は、あらゆる下半身の悩みを解決します。

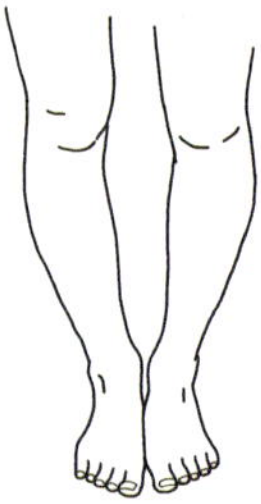

スカスカ

O脚

太ももが外に張り出し、内ももの筋肉が衰え、膝と膝が離れたゆがみ脚

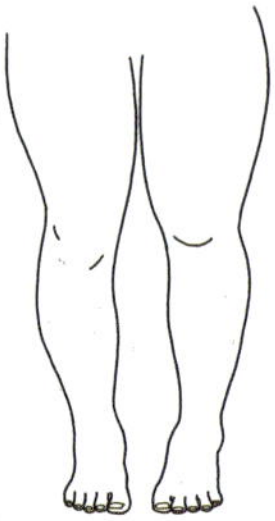

ぽよぽよ

脂肪太り

筋肉が少なく、脂肪がつきやすい脚

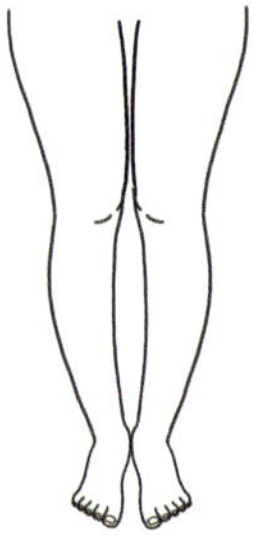

スカッ

膝下O脚

太ももは離れていないが膝からスネが離れたゆがみ脚

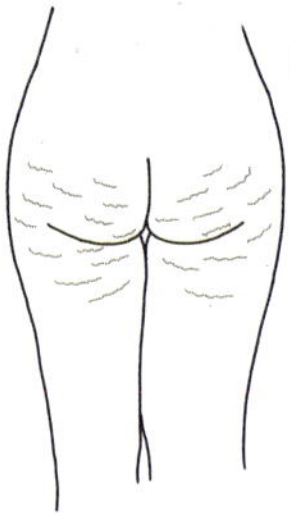

ザラザラ

セルライト

お尻や太ももに現れるデコボコした皮下脂肪

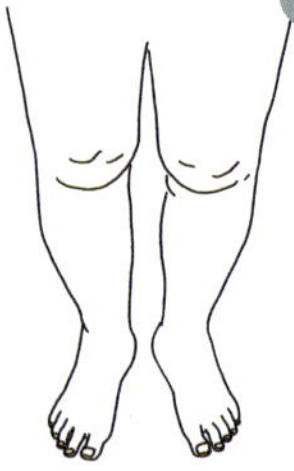

もったり

膝の埋もれ

そり膝で太ももの筋肉が正しく使えず、膝上に脂肪と筋肉がつきやすい脚

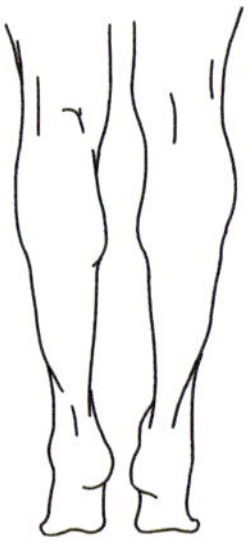

ボンッ

ししゃも
ふくらはぎ

太ももと比べてアンバランスにふくらんだふくらはぎ

ボテッ

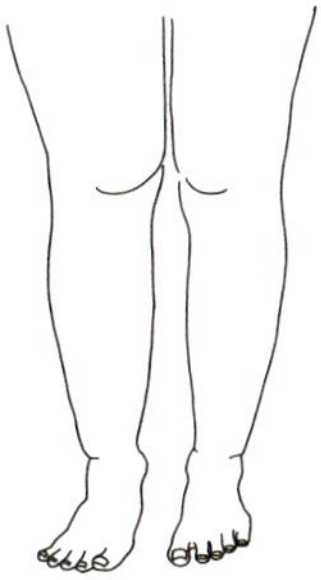

むくみ

身体の巡りが悪く、余分な水分や老廃物が溜まっている状態

どっしり

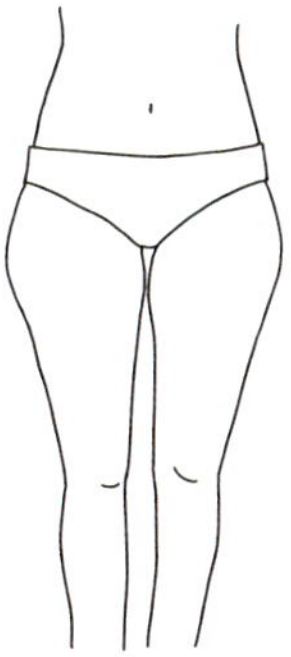

でっぱり脚

太ももの骨が内側にねじれることで本来後ろにあるはずの肉が横に出っ張ったゆがみ脚

ムチムチ

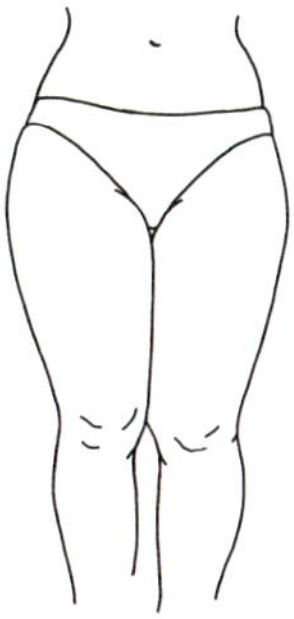

がっちり太もも

太ももだけに筋肉も脂肪もたっぷりついた上半身とのバランスが悪い脚

ズドン

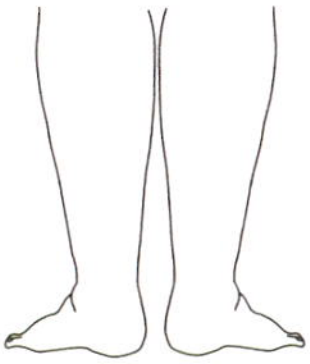

足首がない

足裏の筋肉がうまく使えず足の甲を伸ばす習慣を失ったくびれのない足首

ダラダラ

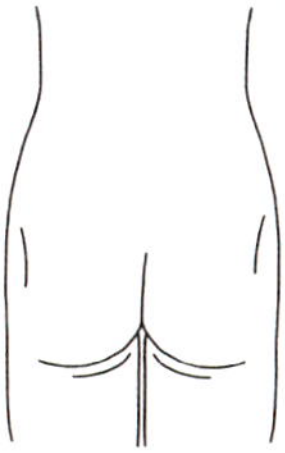

たれ尻

骨盤が後傾方向に崩れ、お尻や裏ももの筋肉がうまく使えずたれてしまうお尻

カチカチ

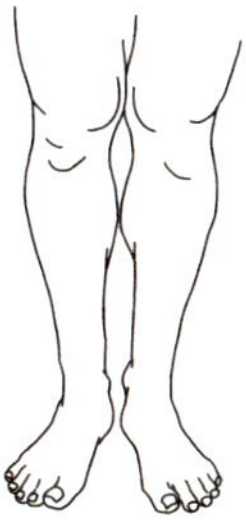

筋肉質

脚全体に力が入りやすく、アウターマッスルが発達しやすい脚

ぺたん

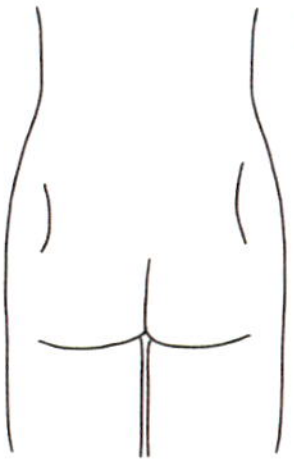

四角尻

お尻の上部に肉がつき、丸みがなくゴツゴツしたお尻

and more...

誰でも下半身太りから抜け出せる〈美脚ルール〉とは？

下半身太りから美脚になるには、〝ゆがみ〟についての理解が必要です。私の生徒さんと話をしていると、この〝ゆがみ〟についての認識にズレがあると感じることがあります。まず、身体が全くゆがんでいない人は誰一人いません。新体操の選手やバレリーナなど、正確に身体を動かせるプロの方でも、左右差があったり、腹筋系の動きは得意だけど背筋系の動きは苦手など、得意不得意があったりします。ただ、一般の方と比べるとそのゆがみの度合いは全く違います。しかし「私の身体はあちこちゆがんでいる」と漠然と不安を抱えている方は、その認識を改めてほしいと思います。ゆがみがひどい方でも、ゆがみがほとんどないように見える方でも、目指すべき身体の使い方に差はありません。なぜなら、骨格は人によって個人差がかなりありますが、人間の身体の構造はみな同じですから、バレリーナも、下半身太りで悩んでいる方も、怪我や故障などで骨格がズレている方でさえも、美しいボディになるための身体の使い方は同じです。ゴールは一つしかありませんから、それに向かって自分のできることから始めていけばいいのです。このことを理解してほしくて、私は〝美脚になる身体の使い方にはルールがある〟と伝えており、これを〈美脚ルール〉と表現しています。つまり、〈美脚ルール〉を実践すれば、誰でも美脚になることができるということです。身体には、人間の構造上、理にかなった動きが存在します。理にかなった動きをやればやるほど、動きの機能アップはもちろんのこと、血管やリンパ、神経などすべてが循環しやすくなり、骨格が整うので見た目が美しくなり、頑丈になり、疲れにくくなり、回復しやすくなります。理にかなっていない動きは、やればやるほどゆがみが生じて関節が変形し、バランスが崩れるので疲れやすく、むくみやすく、故障しやすい身体になります。つまり、この〈美脚ルール〉を実践しているかどうかによって、年数が経てば経つほど、見た目や身体能力に差が生まれてしまいます。誰でも美脚になれるのに、そのルールを知らないのは損だということに早く気づいてほしいのです。

誰でも美脚になれるのに、そのルールを知らないのは損

美脚ルールのキーワードは3つ

keyword

—

1

重力

人間は重力のある地球に生まれてきたため、重力にうまく逆らうことですべての機能が向上し、循環するようにできています。重力にうまく逆らっている人の良い例がバレリーナ。逆らえていないのが腰や背中が曲がったお年寄りです。重力に逆らえずにいると、ボディラインの崩れだけでなく、内臓も下垂し、様々な問題が生じてしまいます。

keyword

—

2

骨

身体の正しい使い方をマスターしていくときは、〈筋肉の使い方〉よりも〈骨の動かし方〉へ

の理解がまず重要です。なぜなら、ボディラインは筋肉ではなく、骨格が作っているからです。骨格がゆがんだままで筋肉を鍛えても美しいボディラインにはなれません。美脚は、骨の理解ありきで成立します。

keyword

3 インナーマッスル

骨の動かし方を理解するときに重要になるのがインナーマッスル（深層筋）です。身体のゆがみをなくすには、骨を正確に操る能力を高める必要があります。インナーマッスルはどれだけ鍛えてもしなやかさを失いません。引き締まっているのに柔らかい身体が叶えられる、女性に嬉しい筋肉です。

keyword

1

重力

美脚のカギは重力に逆らう動きにある

この本で書いている〈人間の構造上、理にかなった身体の使い方〉とは、地球の重力に対する身体の使い方のことを指しています。そのため、このメソッドは私が思いついたことを述べているのではなく、物理学を元に研究しているものです。だから〈理にかなった使い方〉とは普遍のルールであり、このルールを覚えると日常生活だけでなく、スポーツやダンス、バイオリンやピアノの弾き方、子供の抱っこや介護の仕方など、あらゆるシーンの動きに対して応用することが可能です。重力にうまく逆らうことで美しい身体になるだけでなく、故障しない身体づくりや、パフォーマンスアップも期待できます。

重力にうまく逆らうための重要ポイント

▼

足裏、下腹部、脊柱起立筋の3カ所を
正しく使うことが大切です。

keyword

1

重力

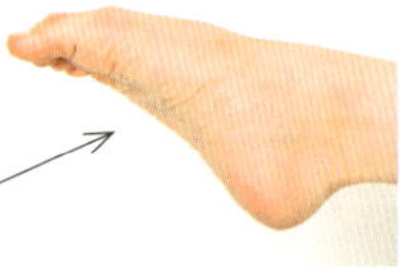
Check!

重力にうまく逆らうポイント❶

足裏

昨今では、骨盤のゆがみや、体幹を鍛えることに対しての重要性が広く認知されるようになりましたが、〈足〉について詳しく指導するトレーナーはまだまだいないと感じています。そのため足に関する正しい知識も統一されていないというのが現状です。しかし、立ったときや歩いたときに、自分の体重、もしくはそれ以上の重力が最初にかかる場所が〈足〉であり、ここをうまく使えていないことであらゆる部位に悪影響を及ぼします。そのため本書では物理学的な視点や、バレエの視点から、立ち方や歩き方を詳しく紹介します。ただし、大人はすでに足の形が大きく変形しており、筋肉が少ない方がほとんどです。そのため、最初は自分の足を正しく使えないことが多いでしょう。それでも、美脚というゴールに向かうルールはどんな人でも同じということを忘れず、できる限り実践するという姿勢で取り組めば、少しずつコツを掴み、美しくて頑丈な土台を手にいれることができます。

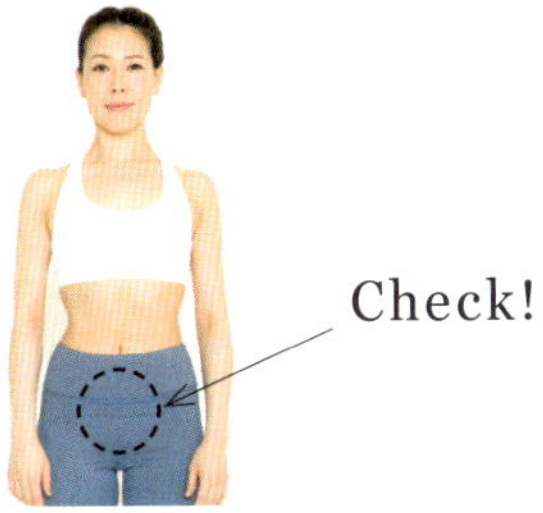

重力にうまく逆らうポイント❷

下腹部

足の次に大事なポイントが下腹部の使い方です。下腹部は体の中心にあるため、様々な役割を果たしてくれる大切な部位です。下腹部のインナーマッスルである骨盤底筋群と腹横筋は、骨盤を安定させ、内臓下垂を防ぎ、腰骨への負担を和らげ、さらに下半身への負担を軽減する役割があります。つまりここを意識的に使う感覚を取り戻すことで、あらゆる相乗効果で変化をもたらすことができます。しかし、昨今ではデスクワークや車生活など一日の大半を座って過ごす方が増え、下腹部を正しく使う感覚を失っている方がとても多いようです。そうすると上半身の体重を下半身が支えることになり、下半身太りだけでなく、巡りが悪くなることで便秘や冷え性、重い生理痛などを引き起こす場合があります。下腹部の具体的な範囲は、膣をきゅっと引き上げる筋肉からおへその下にある丹田と呼ばれる場所までのことを言います。下腹部の詳しい使い方はP.44で紹介している〈ラテラル胸式呼吸〉という呼吸法でコツを掴んでいきましょう。呼吸とともに、エクササイズや日常動作の中で下腹部を連動させて使うことで、上半身の体重が支えられ、下半身の負担が減る分、おのずと脚のラインは変わっていきます。

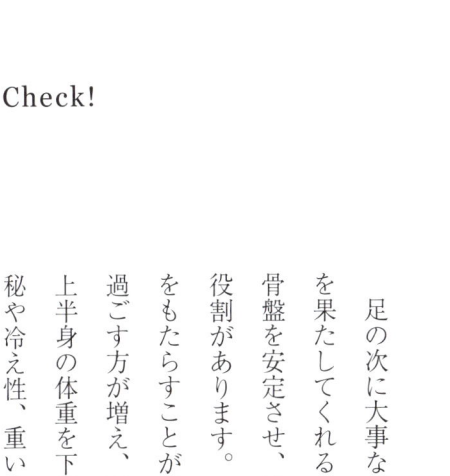

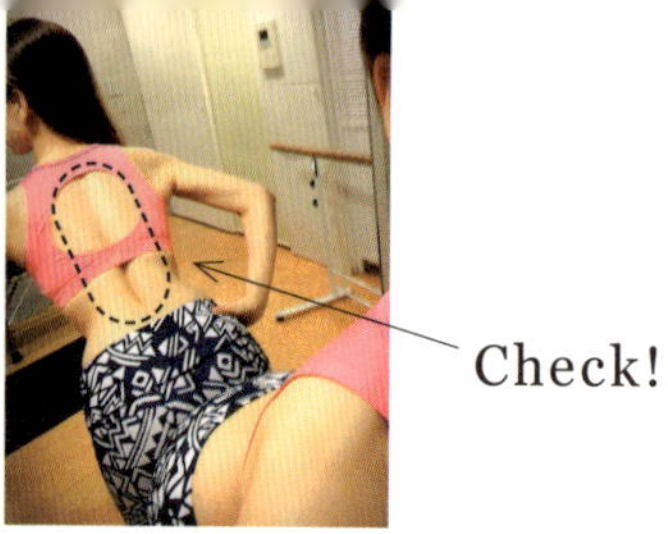

keyword

1

重力

重力にうまく逆らうポイント③

脊柱起立筋

足裏と下腹部を使うことで身体の使い方は大きく変化しますが、もう一つ、一緒に覚えたいのが背骨を支える背中の筋肉の使い方です。具体的には〈脊柱起立筋〉といいます。背骨は腹部と背部の筋肉がそれぞれ前後から支え合っています。しかし、デスクワークなどで下腹部を使わない生活がクセになると同時に背部の筋肉も使えなくなります。下腹部と背部の筋肉が萎えることで上半身の姿勢が崩れてしまうばかりか、上半身の体重を下半身で支えることになり、下半身太りという結果を招いていることは先ほど説明しました。私が開催している〈美脚セミナー〉では、〈この下腹部と脊柱起立筋の使い方が身についたら、どれだけ身体が軽く感じるのか〉ということを実際に一瞬で体感してもらうのですが、参加者の全員が「自分の身体はこんなに軽かったのか」と実感されます。下腹部と背部の使い方をマスターすると、自分の身体の重さを感じなくなるため、疲れにくくなる上に美脚になれるということです。理にかなった動作はあらゆる嬉しいおまけが芋づる式についてきます。背部の詳しい使い方は下腹部と同じく、P.44で紹介している〈ラテラル胸式呼吸〉という呼吸法でコツを掴んでいきます。

身体に意識を向けることから変化が始まる

レッスンで理にかなった正しい動きを指導するとき、自分の身体がどう動いているのか認識できない生徒さんは少なくありません。例えば「内股は絶対にやらないで」と伝えたばかりでも女の子座りをしたり、しゃがむときに膝を内側に入れて座ろうとしたりします。しかし、身体を確実に変えていくには、今の状態を認識することが必要です。「あ、今内股になっていたな」と気づくことができると、修正することができますが、〝正しくやっているつもり〟では一向に結果が出ないということになります。そもそも〈クセ〉とは、無意識で行っているため、なかなか気づくことができないのですが、〈自分の身体に意識を向ける〉ということを毎日繰り返し行っていく中で、徐々に気づける範囲が増えていきます。最初は「うまくできているか分からない」という不安を持つ方も多いですが、今まで何十年と蓄積してきた〈下半身太りになるクセ〉を〈美脚ルール〉に変えていくわけですから、焦らず何度も自分の身体を感じて、繰り返し練習を行ってください。

keyword

—

2

骨

「下半身だけ痩せない」、「筋肉が変についてしまう」理由

「食事のダイエットをしても上半身ばかりが痩せてしまい、肝心の下半身は一向に痩せない」、「筋肉トレーニングをすると変な筋肉のつき方になってしまう」といった声をよく聞きます。これは今までの身体の使い方を変えずに痩せたり鍛えたりした場合に起きてしまう結果です。美脚・美ボディを叶えるとき、痩せることで解決できる範囲は限られています。そもそも、日本人女性の体重への意識は他の国の女性と比べて非常に厳しい傾向がありますが、ゆがみのないバランスの良いボディラインになれたら、体重を減らす必要のない方が多いと感じています。痩せる＝美ボディではないのです。また、長時間のデスクワークや歩く時間が極端に少ない生活をされている方、そしてヒールを毎日のように履く方などの場合、体重が重いから脚が太いのではなく、脚、または全身がむくんでいるから太く見えるという方も少なくありません。筋肉のつき方を含めて、これらのゆがみに起因している問題は身体の使い方を変えることで、自力で変えていくことができます。

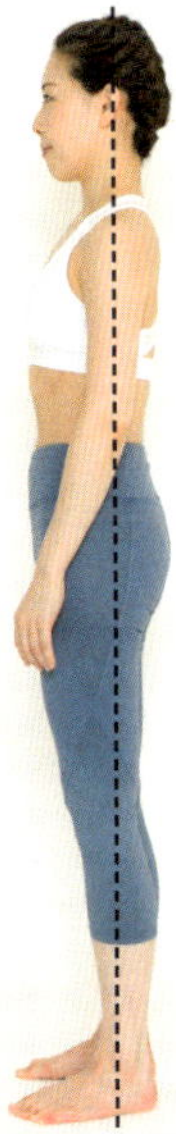

くるぶし、股関節、肩、耳が一直線

すべての骨には正しい位置がある

身体中のすべての関節には、前後にも左右にもズレていない状態である〈ニュートラルポジション〉が存在します。全身の筋肉は、関節が正しい位置にあるときに正常に伸縮し、働くようにできています。常に正しい位置で動いている良い見本としては、2歳児くらいの子供をイメージすると良いと思います。まだ筋力が少ない2歳児は、身体に軸が通っているので、重たい頭を支えることができます。ところが年齢を重ねるほどに、日常生活やデスクワーク、産前産後などの影響で徐々に身体の使い方にクセが生じて、膝、股関節、背骨、肋骨、肩、頭などのすべての関節の本来あるべき正しい位置が分からなくなり、関節が正しい位置にないので筋肉がうまく働かず、どんどんアンバランスなボディラインになってしまいます。まずは足、膝、股関節、その次に背骨、肋骨、首、これらの正しいポジションを理解することが美脚のカギとなります。

keyword

2

骨

足の変形が全身のゆがみを生み出す

ヒールの高さを問わず足に合わない靴は、足本来の正しい動きを阻害し、変形をもたらします。変形すると関節は硬くなり、曲げると痛みが出る場合もあります。すると歩くときの地面からの衝撃吸収がうまくできず、その分の衝撃によって膝や股関節をゆがませ、関節可動域（柔軟性）にも影響を及ぼします。つま先の尖った靴は指の動きを制限し、ぺたんこ靴やスリッパは踏ん張れない足にさせ、サンダルやミュールは指が出ている状態で履くことで足を変形させます。これらを長年無意識に行い続けることで、下半身太りになります。

Check!

あなたの足骨は大丈夫？

▼

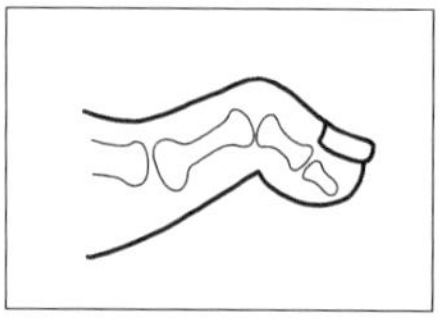

【クロートゥ】

拳の関節が落ち、関節の2番目から指が丸まった状態

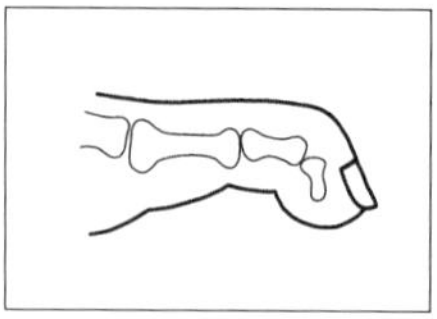

【マレットトゥ】

拳の関節が落ち、関節の1番目から指が丸まった状態

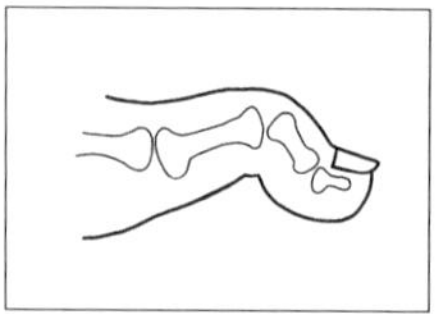

【ハンマートゥ】

拳の関節が落ち、関節の2番目が過度に曲がった状態

小さな関節も必要だから存在します。関節は深く曲げられる状態がベスト。

骨を理解すると筋肉の使い方を間違えない

筋肉は骨に付着しており、筋肉が骨を動かすことは間違いないのですが、実際にゆがみのない美脚を目指すときは、筋肉への意識ではなく、〈骨を自分の思い通りにコントロールする〉ことで、おのずと働くべき筋肉が適切に働き、同時にゆがみの改善ができます。これは筋肉を伸ばすストレッチを行うときも同じです。ストレッチを行う際、筋肉を伸ばすことにフォーカスをする方が多いのですが、それだとゆがみがある方はうまく筋肉を伸ばすことができません。そうではなく、骨を理想のポジションへ動かそうとすることで、結果的に伸びるべき筋肉が伸び、反対側の筋肉は縮み、理想のストレッチができます。〈骨のベクトル〉を意識すれば、ゆがみの改善や適切な筋肉の強化、適切な筋肉のストレッチのすべてが叶います。例えば〈くびれを作りたい〉と思ってやみくもに筋肉だけを意識して腹筋トレーニングを行うのはナンセンスです。多くの方はすでに身体が相当ゆがんでいます。ゆがんだ状態でエクササイズを行うとゆがんだまま筋肉が鍛えられてしまいます。すると〈筋肉は確かに引き締まったけど、ボディラインが美しくない〉という結果になったり、最悪の場合、ゆがんだまま無理な動きをすることによって身体が故障したりもします。

keyword
—
3
インナーマッスル

シルエットを美しくする筋肉とは？

人間の身体にはたくさんの筋肉があり、それぞれ違う役割を持つ筋肉が何層にも重なって肉体が作られています。骨に最も近い筋肉をインナーマッスルと呼び、皮膚に最も近い筋肉をアウターマッスルと分けることができます。インナーマッスルは骨を正しい位置に保持する役割があるため、美脚には欠かせない筋肉です。小さな筋肉ですので、使い続けてもバテにくく、鍛えてもガチガチの筋肉にはなりません。また、関節を最大可動域まで動かせ、正確にコントロールできるため、しなやかな動きができます。一方、アウターマッスルは外からの衝撃から関節を守る役割があり、別の視点で言うと関節を固める役割を担っているため、身体が硬くなりやすく、働きすぎるとゆがみを改善することができません。また、ガチガチした硬い筋肉になり、勢いやパワーが発揮しやすい分、バテやすく、動きを正確にコントロールすることができません。そのため、美脚になるにはインナーマッスルを理解することが大切です。

目覚めさせるには呼吸が大事

普段から呼吸が浅い人は、呼吸を行うときに働く呼吸筋が働きにくいため毛細血管までの血液の循環が滞り、それによって疲労が溜まりやすかったり、身体が硬くなったりします。デスクワークなどで長時間同じ体勢でいるときなどは呼吸が浅くなりがちです。インナーマッスルを目覚めさせるためには、日常生活の動きやエクササイズを行う中で、〈呼吸と動きを連動させる〉ことが重要です。そのため、このメソッドで教えるエクササイズはすべて呼吸から始めていき、連動する習慣を身につけます。そうすることで、例えば子育てや介護などで子供やお年寄りを抱き上げるとき、呼吸と力を入れる動きを連動して行うことで、全身の筋肉を適切に使うことができ、故障を防ぎ、アンバランスなボディラインになることを防ぐことができます。デスクワークなどじっとする時間が長い生活をされている場合でも、30分に一回ほどのペースで呼吸を意識しましょう。肋骨を大きく膨らませるように鼻から息を吸い、口からゆっくり深く息を吐くという習慣をつけることで、背中やデコルテの滞りを流すことができます。

keyword

—

3

インナー
マッスル

美姿勢＝2カ所のインナーマッスルを意識する

〈足裏〉と〈下腹部〉のインナーマッスルが連動して身体を支えることで背骨を支える〈脊柱起立筋〉が働き、姿勢をまっすぐに保ちます。これらが萎えたら身体はどんどんゆがみます。ゆがんだまま痩せてもキレイになるはずがない！

**インナーマッスルが
整っている体**

▼

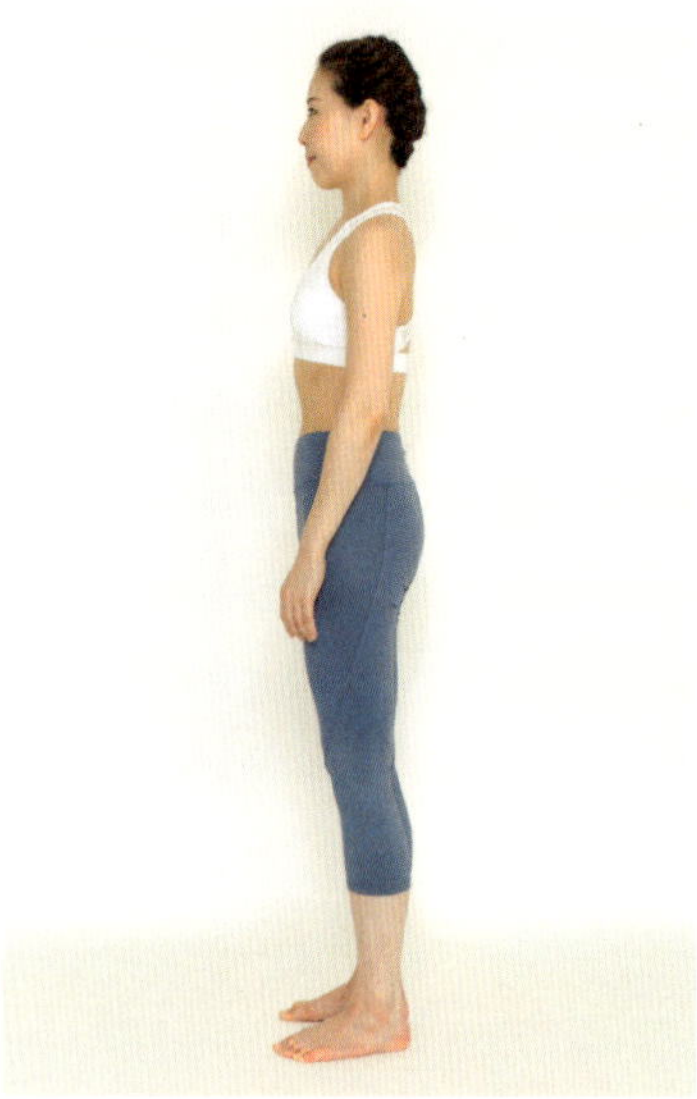

**インナーマッスルが
整っていない体は、姿勢も悪い！**

▼

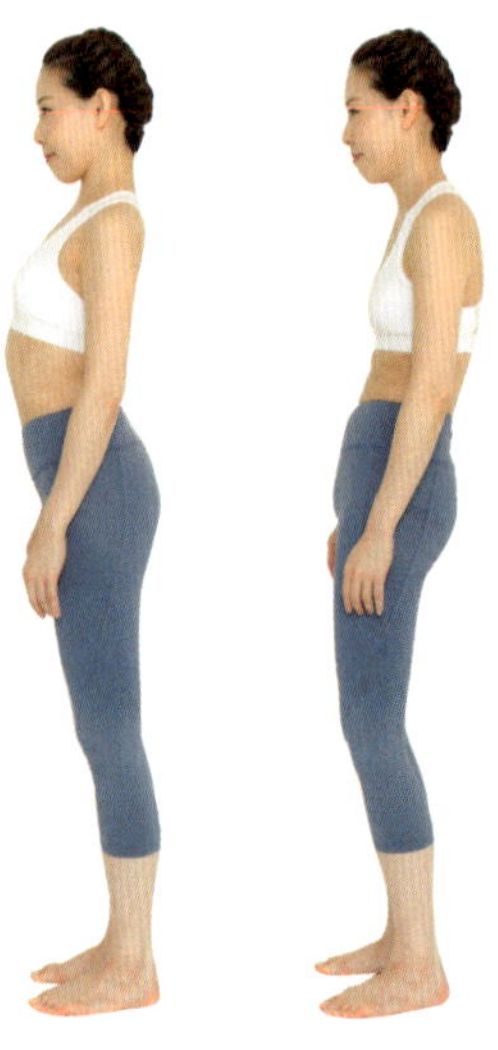

美脚・美姿勢・代謝アップ・疲れ知らずになる

インナーマッスルを働かせるには、ダンベルなどを持ったり、ウォーキングなどの有酸素運動を行ったりする必要は特になく、使い方をマスターすれば日常生活の動きの中で常に使うことができます。日常的にインナーマッスルを使うことで、太りにくい身体へと変わっていくことができます。さらに、前ページの写真で示している通り、足裏と下腹部のインナーマッスルを使っている姿と使っていない姿とでは、姿勢の美しさの差は一目瞭然です。さらに足裏と連動して下腹部のインナーマッスルが上半身の体重を支えると、下半身への負担が減り、脚が細くなるだけでなく、筋肉が身体を支えることで自分の身体をかなり軽く感じることができ、疲れにくい身体になります。下半身太りで悩む方は、下腹部のインナーマッスルが萎えているため、上半身の体重を下半身が支えることになり、その結果、下半身だけが太くなりボディラインが崩れてしまいます。このように、インナーマッスルを使っているかどうかで見た目や体感にかなりの差がついてしまいます。

下半身太りを招く日常生活のNG動作・NG習慣

【日常のNGクセチェックリスト】

エクササイズやダイエットをしても、なかなか痩せない下半身。
原因は毎日の間違った動きにありました。あなたには、こんなクセがありませんか？

☑ 足首を伸ばさず歩く

足首の美脚ルールはバレリーナのようにつま先と甲を伸ばす動きにありますが、一般の方は足裏の筋肉をほとんど使わず、足首を曲げたまま歩いてしまっているため、その分太ももへの負担が増えています。

☑ 大股で歩く

実は、大股で歩くと必ず骨盤と腰骨にねじれが生じます。さらに大股で着地すると、かかとに過度の衝撃がかかり、脚のゆがみだけでなく、膝痛や腰痛の原因にもなります。

☑ 女の子座り（内股座り）

身体の構造上、膝を内側にねじる動きは股関節を最も不安定にさせ、動きに制限をかけてしまいます。骨盤がゆがみ、むくみやすく、結果、難産などの原因になる場合もあります。

☑ お姉さん座り（横座り）

両膝を揃えて左右のどちらかに向け、つま先を反対側に出す座り方も、骨盤をゆがませ、上半身の姿勢をかなり崩してしまいます。座敷での食事などやむをえないとき以外は絶対に避けたい座り方です。

浅い呼吸

現代人は息を吸うことも、吐くこともうまくできていない方が多いです。デスクワークやスマートフォン、洗い物などの作業に集中しているときは特に浅い呼吸になりがち。筋肉も硬くなりやすいです。

内股&外体重で立つ

膝を内側に向けた状態で足の小指側に体重をかけた立ち方。最も身体の軸が不安定になる立ち方で、骨盤や太もも、スネ、かかとのゆがみやむくみを生じさせます。

タイトスカート・固いデニム生地のパンツを履く

タイトスカートや固い生地のパンツなど窮屈なボトムスは、股関節の動きを制限するため、むくみの原因になります。習慣的に履いていると下半身太りになりやすいです。

足指で踏ん張らずに立つ

足指1本1本には3つの関節がありますが、その存在を知らず、普段から足指を使うことに意識がない方が多いです。踏ん張らないと足裏のアーチが作れず、全身の崩れの原因になります。

フローリングでスリッパを履く

フラットな硬い地面を歩くとき、スリッパや、かかとが外れる靴は無意識のうちに脱げないように歩いているため、足裏の筋肉がうまく使えません。履いているだけで下半身太りを招きます。

この動作の逆を
意識すれば良いのです。

Column

美脚メソッドシンデレラストーリー〈1〉

太りやすい体質でも〈呼吸〉で変わることができた！

私は元々、ひどい便秘症でした。1ヶ月くらい排便がないこともあり、突然立っていられないほどの腹痛を起こすこともよくありました。また、小学6年生の時点ですでに体重は48キロ。配達員の方に「若奥さんですか?」と間違えられたりするような、小学生とは思えない貫禄ある見た目をしていました。そんな太りやすい体質の私が19歳から身体の勉強を始め、理にかなった動きを覚えることに夢中になると、身体は日に日に変化していきました。15年経った今、身体づくりの中でとても重要だと感じることは〈呼吸〉です。詳しくはP.44で紹介していますが、息を吐くときに使う腹横筋というインナーマッスルが使えるようになると、いわゆる〈丹田〉が常に抜けていない状態で日常を過ごせるようになり、身体がいつも軽く、疲れ知らずのままで過ごすことができます。ところがご飯を食べすぎると丹田は抜けてしまい、身体を重たく感じます。この下腹部にあるインナーマッスルの使い方をマスターすると、丹田が抜けている感覚が不快に感じるようになるため、食べすぎや一気飲み、一気食いなどを自然と避け、腹6〜8分目や空腹時の感覚が好きになります。すると身体が繊細になり、素材の味が分かるようになり、薄味が好きになりました。また、排便時も呼吸をコントロールしてぜん動運動と連動しスムーズな排便を促せる感覚も身につきました。それはまさに私にとってシンデレラストーリー。体質改善が叶い、身体が変わることで人生も大きく変わることを皆さんにも体験してほしいです。

CINDERELLA
BEAUTY METHOD

2

美脚のルールをクセにしよう

美脚ルールの身につけ方

下半身太りに悩む方は、必ず下半身太りになる身体の使い方を無意識に行っているはずです。そのクセに気づき、逆に美脚ルールを無意識にできるようにしていきましょう。身体は下から変えていきます。足、膝、骨盤、背骨、肋骨、肩（腕）、頭の順番に身体の使い方を理解していきますが、特に、足から背骨までの使い方を理解していくことが大切です。第一段階は、自分の身体に意識を向けること。P.25での説明の通り、自分の身体を細かく認識できないと、クセを改善することはできません。その上で、第二段階はこれから詳しく解説していく〈美脚ルール〉をできるだけ守って日常を過ごし、エクササイズを行っていきましょう。

クセにしたい
ルール

立ち方を意識する

足裏の筋肉を使い足指で踏ん張る感覚と、下腹部を引き上げる感覚を意識して立ちましょう。日常の中で立っているときはマスト。

歩き方を意識する

一歩一歩、足裏の筋肉を使い、足の甲を伸ばして歩きます。この動きがボディラインを変えるコツ。詳しくはP.46の正しい歩き方の解説にて。

つま先と膝は常に同じ方向

階段を下りるとき、地べたにしゃがむとき、何気なく膝を内側に入れ、股関節をゆがめる人がほとんどです。この悪いクセに早く気づくこと。

足の甲を最大に伸ばす

家の中で何かをまたぐなどの小さな移動でも足が地面から離れるときはいつでも足裏を縮め、足の甲を伸ばすことを常に意識。

美脚ルールを意識して身体を動かすと、その瞬間、柔軟性が増し身体の軽さを体感できます。逆に間違った使い方をすると、その瞬間、身体は硬く重くなります。このメソッドでは、〈使い方を変えると身体は即座に変化する〉ことを身体で理解でき、それがモチベーションにつながります。毎日気づいたら美脚ルールを意識し、自宅では15分ほど美脚エクササイズを正確に行う練習をしていくと、だんだんと無意識で美脚ルールが守れる状態になっていきます。それは例えば、足指を踏ん張らないで立つことが違和感になるというようなことです。そこまで到達したら大成功です。そしてそこが、リバウンド0の世界です。美脚ルールはやればやるほど際限なく向上していきます。そのため、よほどのことがない限り、もう元の自分に戻ることはありません。そして年齢を重ねても若々しい身体でいられるようになります。

毎日やりたいルーティン

ゴルフボールフットケア

本来は、足裏には疲労は溜まらないため、足つぼマッサージも痛くありません。疲労のない足はゴルフボールフットケアで簡単に作れます。

指曲げケア

足指の関節は股関節の動きに大きく影響しています。硬くなった足指の関節の柔軟性を回復させることはとても大事です。

足に良いインソールを使う

例えば靴メーカー、ビルケンシュトックのインソールは足の骨を正しい位置に導くスグレモノ。毎日履くことで足の形をかなり改善することができます。

呼吸法

呼吸が浅いと疲れやすく、インナーマッスルが働きません。また、下腹部にある丹田の理解には呼吸筋が欠かせません。

カエル潰れたストレッチ

内股女子の救世主。赤ちゃんのような股関節へと戻すことができます。寝る前にベッドでこのストレッチを行うのがおすすめ。

rule_1：クセにするルール

正しい立ち方（足編）

〈親指の腹ではなく先端を床につけ、母趾球を引き上げる〉ことで土踏まずを形成します。その他もポイントが細かく、大人はすでに足が変形しているため、最初は難しく感じますが、すべてのルールをまんべんなく守り、自分の中でベストポジションを探りましょう。

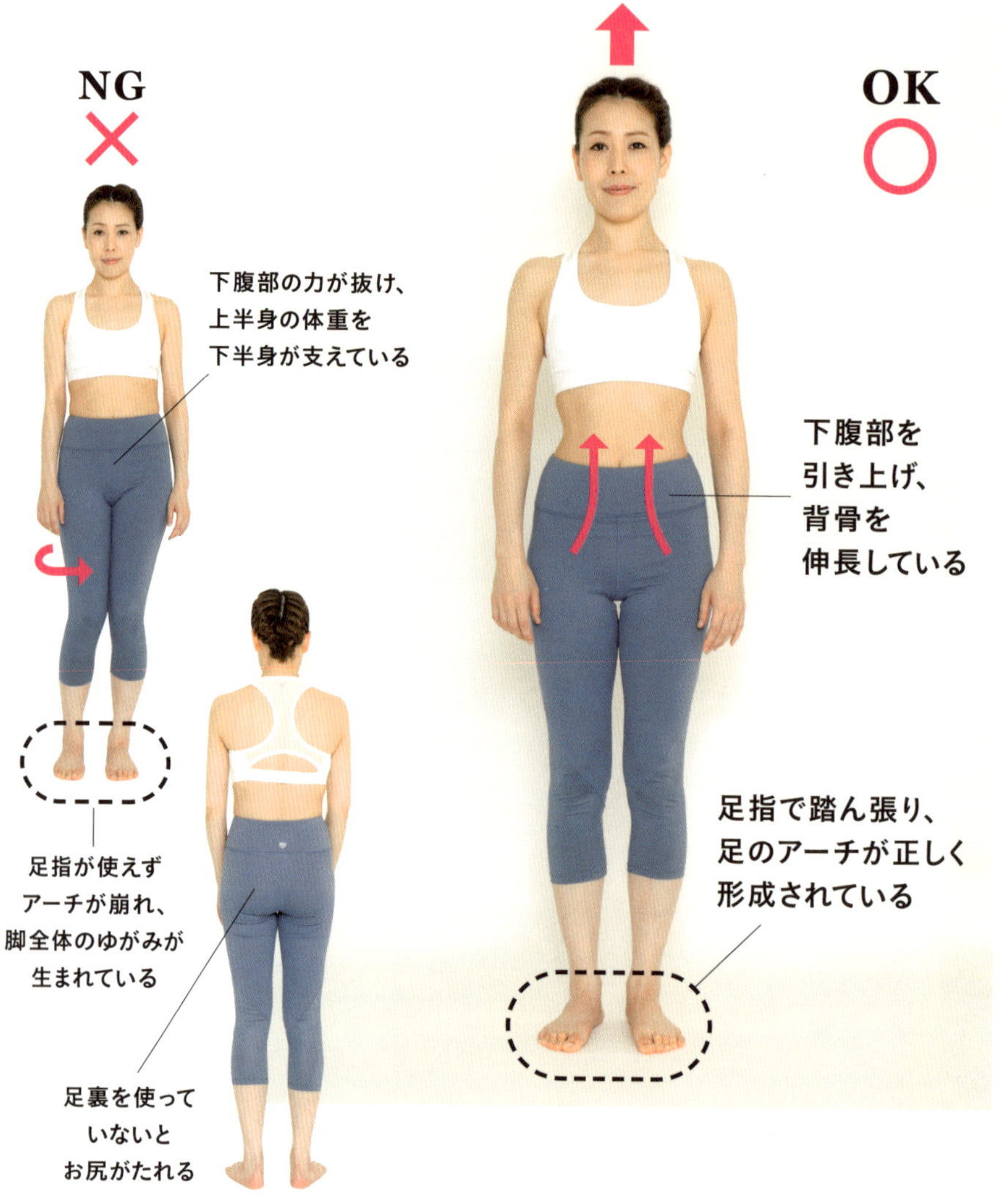
NG
×
下腹部の力が抜け、
上半身の体重を
下半身が支えている
足指が使えず
アーチが崩れ、
脚全体のゆがみが
生まれている
足裏を使って
いないと
お尻がたれる
OK
○
下腹部を
引き上げ、
背骨を
伸長している
足指で踏ん張り、
足のアーチが正しく
形成されている

1. 足指を正しく使う

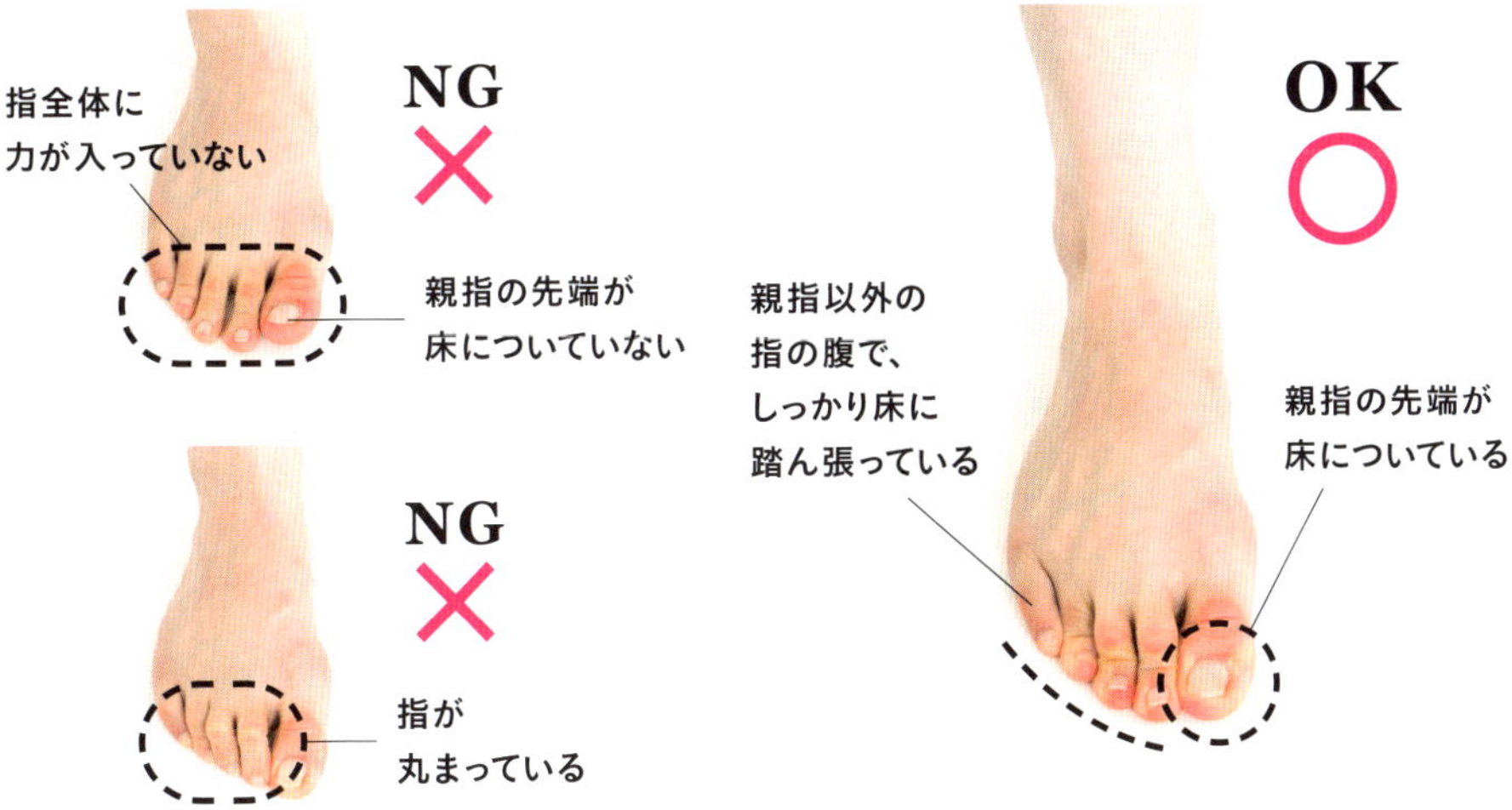
NG
指全体に
力が入っていない
親指の先端が
床についていない
NG
指が
丸まっている
OK
親指以外の
指の腹で、
しっかり床に
踏ん張っている
親指の先端が
床についている

2. 土踏まずを意識する

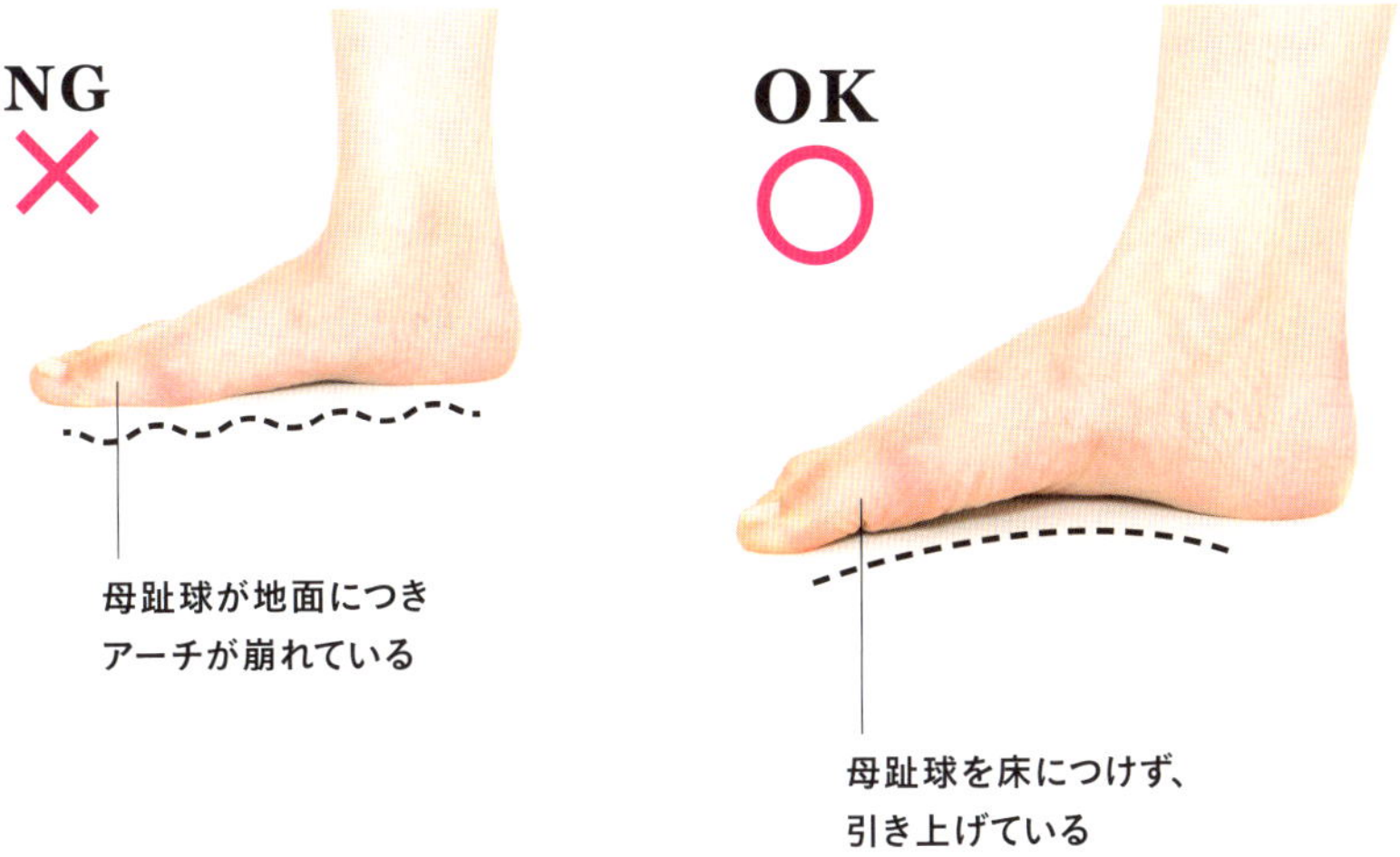
NG
母趾球が地面につき
アーチが崩れている
OK
母趾球を床につけず、
引き上げている

rule_2：クセにするルール

正しい立ち方（上半身編）

下腹部をスプーンでえぐるように下から上に引き上げ、背骨を天井へ引っ張ることで、お腹と背中の筋肉が上半身を支え、その分下半身の負担が減り、下半身太りが改善されます。必ず足裏の意識と共に連動して下腹部を引き上げ、このルールをクセにしましょう。

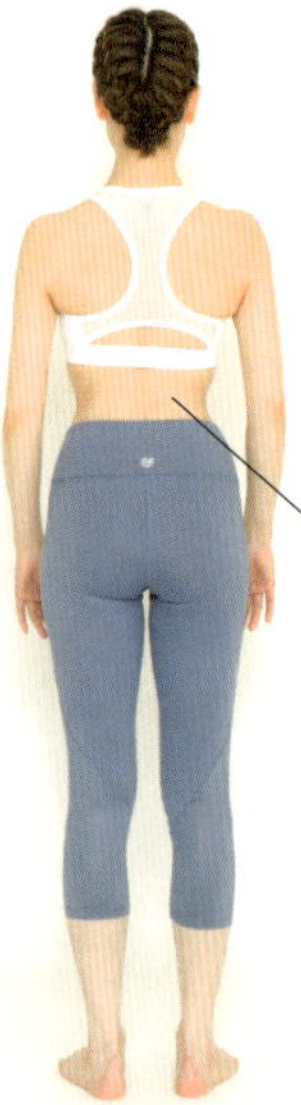

下腹部の筋肉を
引き上げると、
背中もキレイになる

OK
○

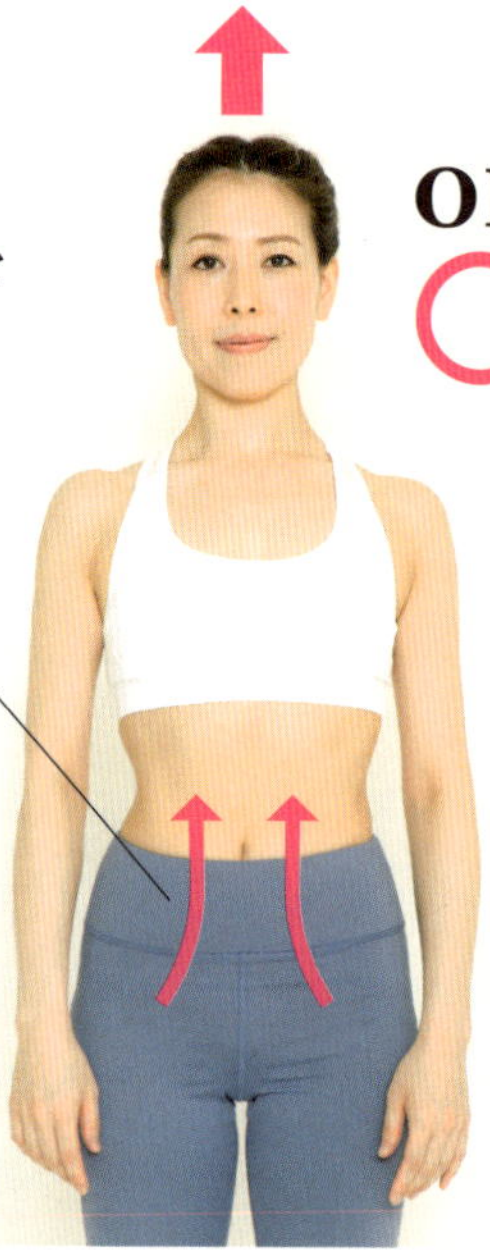

下腹部の筋肉を
引き上げ、
背骨を
伸張している

NG
×

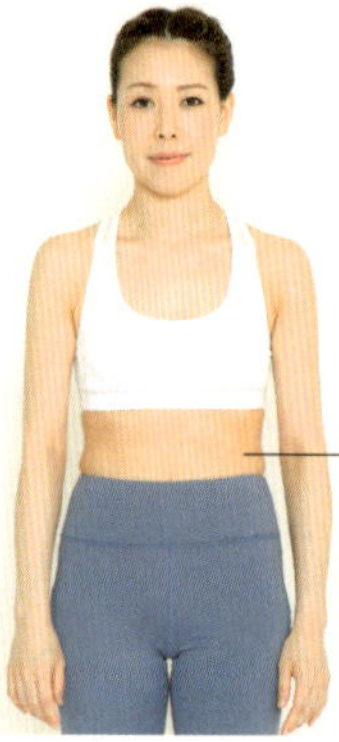

下腹部の
引き上げがないと
くびれがなくなる

肋骨を前に出さないように意識しよう

NG
×

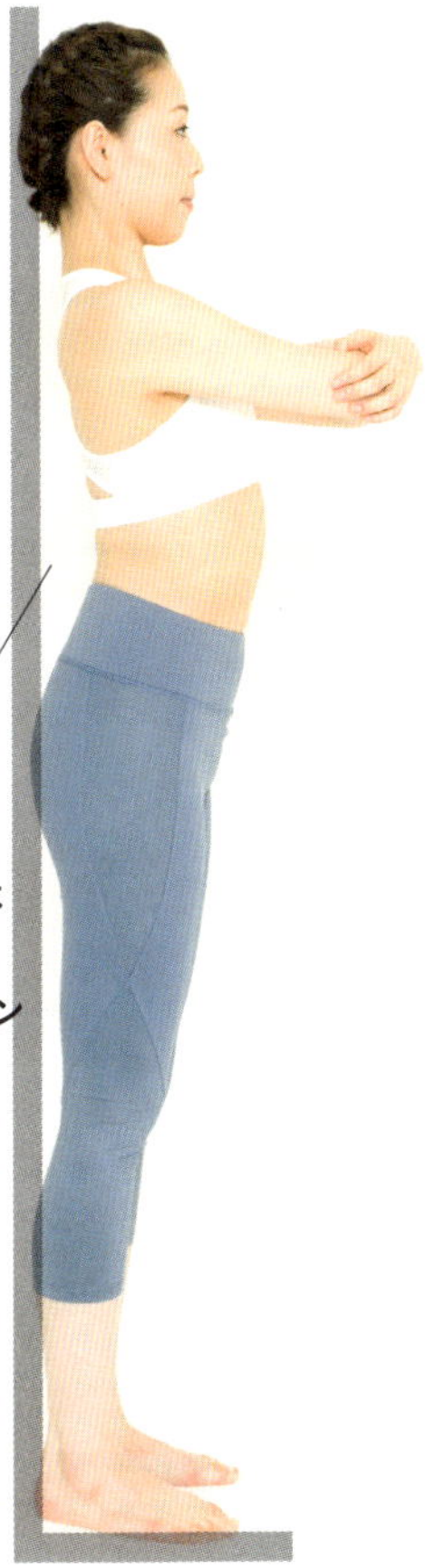

壁と腰の間に
隙間がある人は
肋骨が
崩れているサイン

OK
○

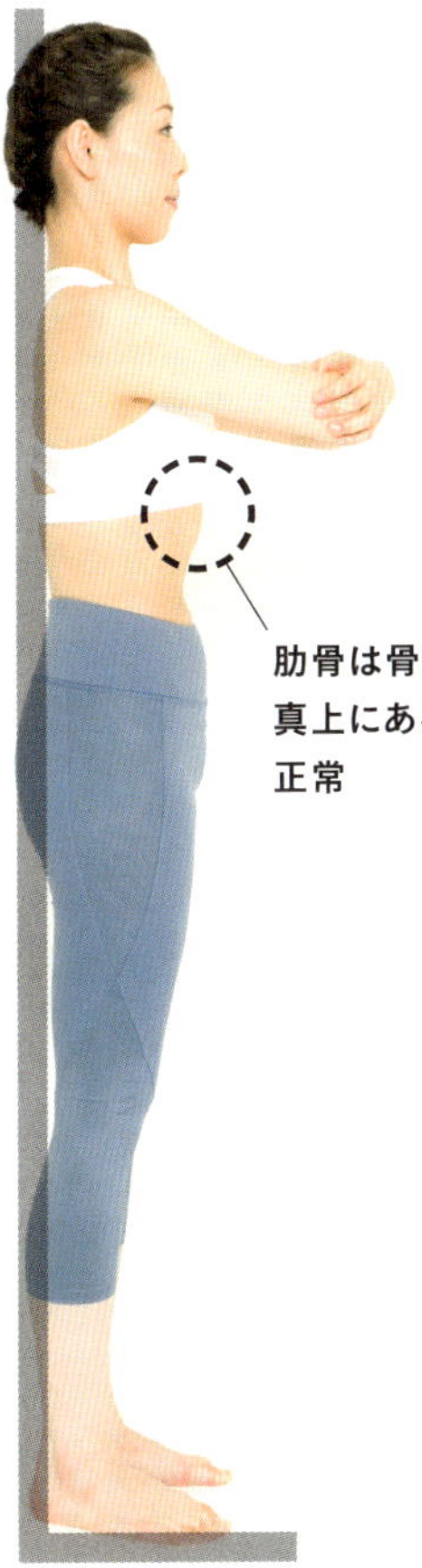

肋骨は骨盤の
真上にあることが
正常

身長を測るように
壁に立ち、かかと、
お尻、背中、後頭部が
壁についている状態が正常

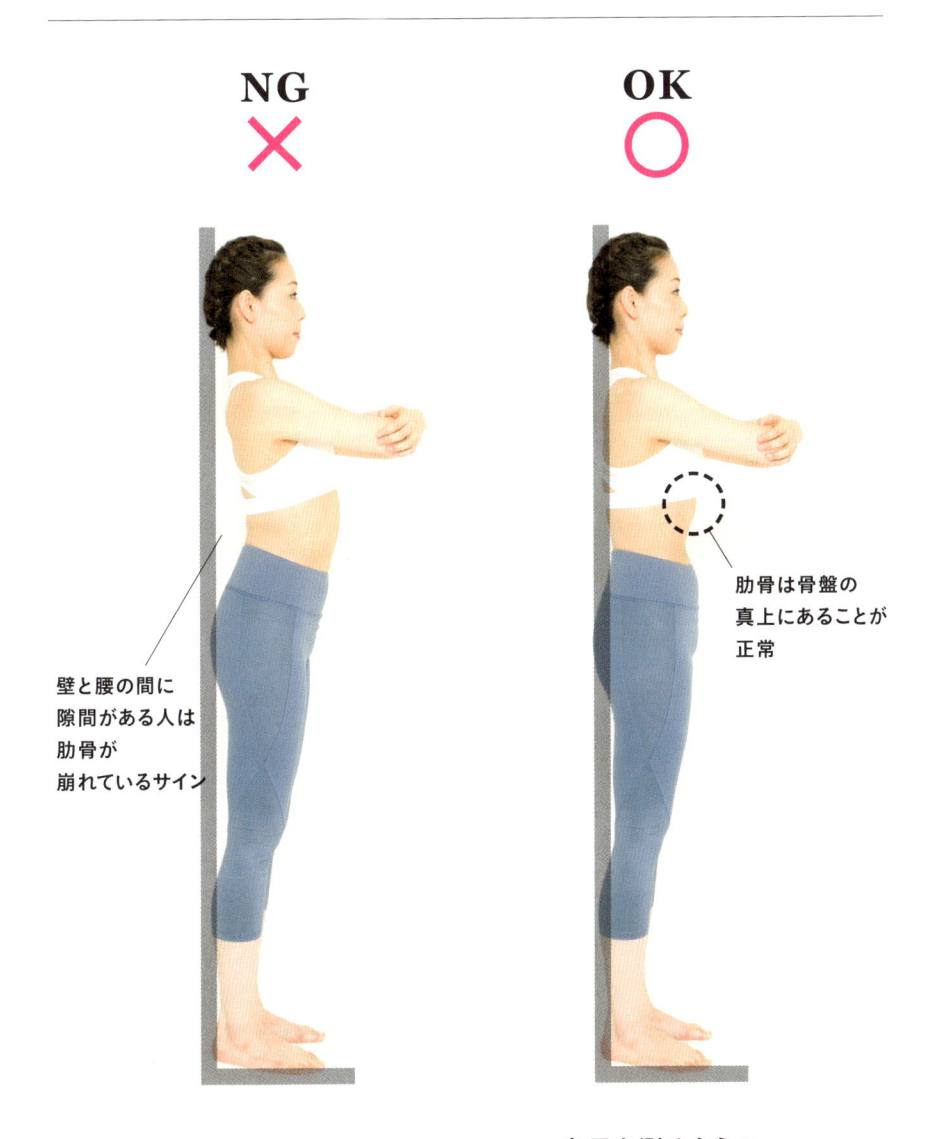

ラテラル胸式呼吸

重力に逆らうには、ヨガの腹式呼吸ではなく、バレエやピラティスのラテラル胸式呼吸で重心を上げていきます。胸式ですが、胸は膨らませず背中の下の方に息を入れます。吐くときは下腹部をスプーンでえぐるように引き上げ、足裏の筋肉と背骨の伸張を同時に意識します。

2.
背骨を
まっすぐ、
上に引っ張る
ように
口から
息を吐く
（6秒）
フゥー
息を吐きながら、
下腹部をスプーンで
えぐるように
へこませる
下半身は
地面の方向へ
伸ばす
1.
鼻から
息を吸う
（4秒）
スー
背中の
下の方に
空気を入れる
お腹は
膨らませない
足指で
しっかり
踏ん張る

ポイントを意識した呼吸が インナーマッスルのトレーニングに

背中に空気を入れるイメージとは？

息を吐いたとき　▼　　**空気を吸ったとき**　▼

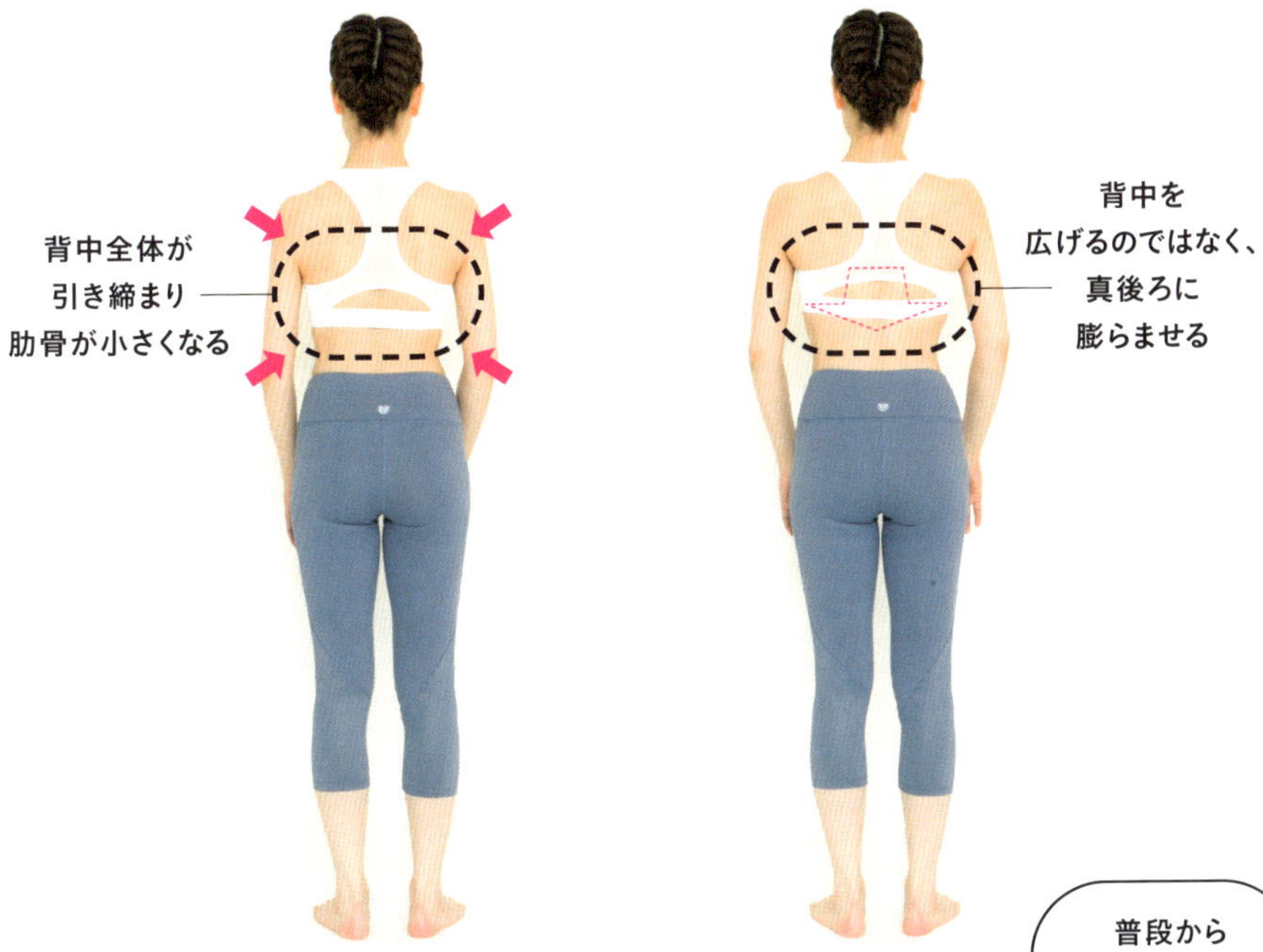
背中全体が
引き締まり
肋骨が小さくなる
背中を
広げるのではなく、
真後ろに
膨らませる

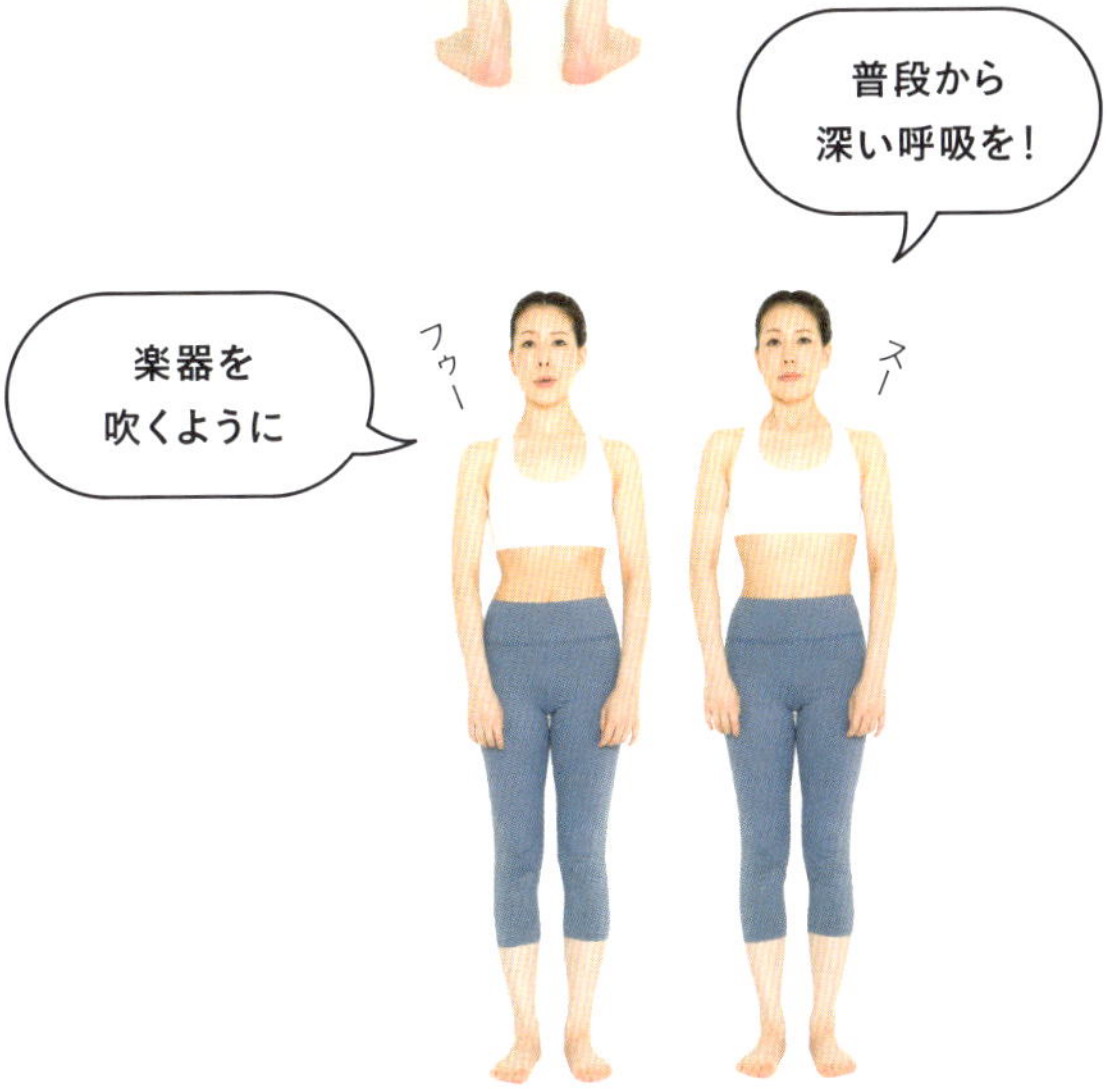
普段から
深い呼吸を！
楽器を
吹くように
フゥー
スー

動画をCHECK!

https://youtu.be/
yjKTxEuuu2I

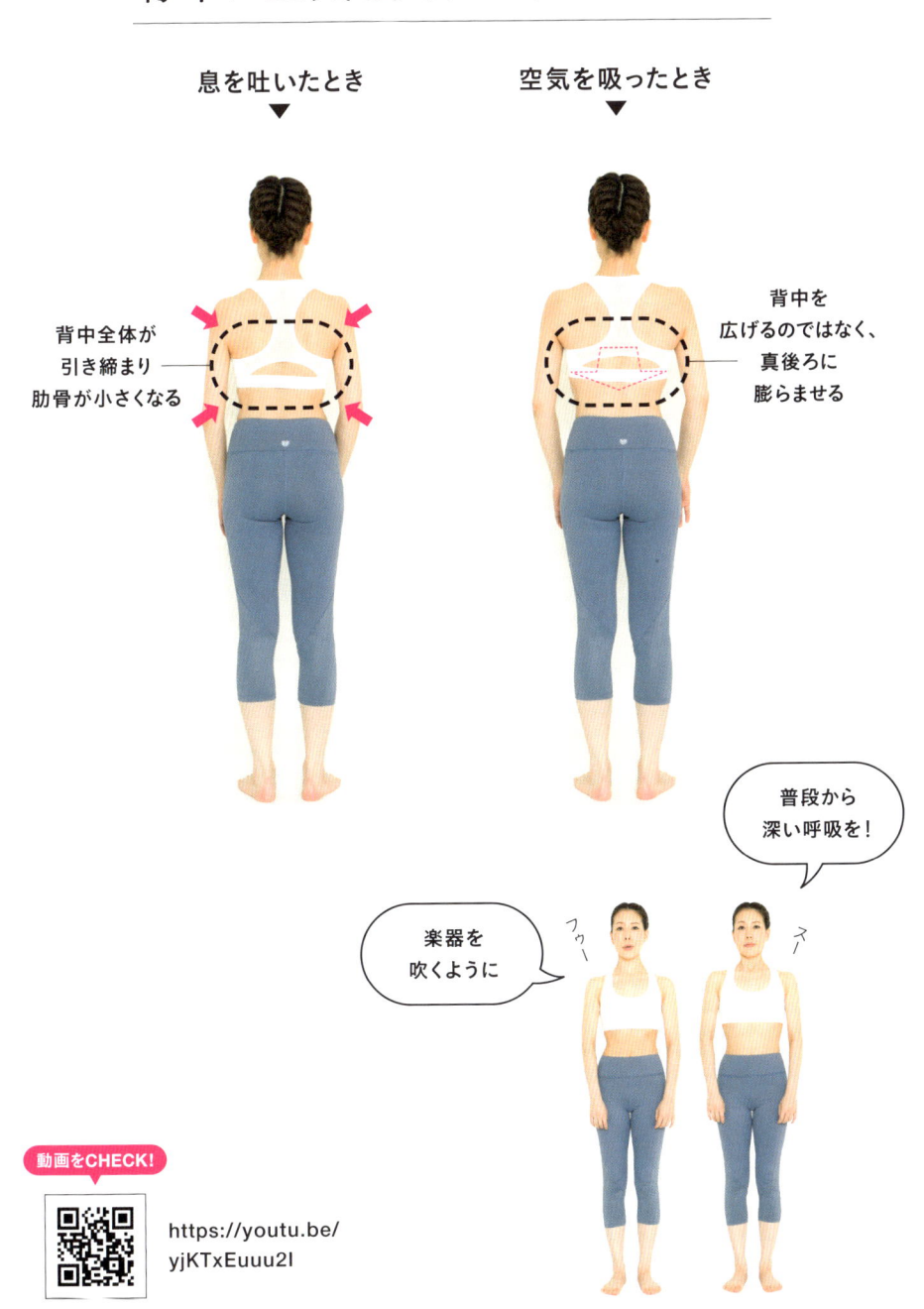

rule_4：クセにするルール

正しい歩き方

正しい歩き方は、足裏の筋肉を最大限に使います。最初は足裏の筋肉がないため、うまくできないかもしれませんが、常に意識していくと筋肉は発達します。ポイントは後ろ足にのみ集中すること。着地は特に考えず後ろ足を正しく使うことに意識を向けましょう。

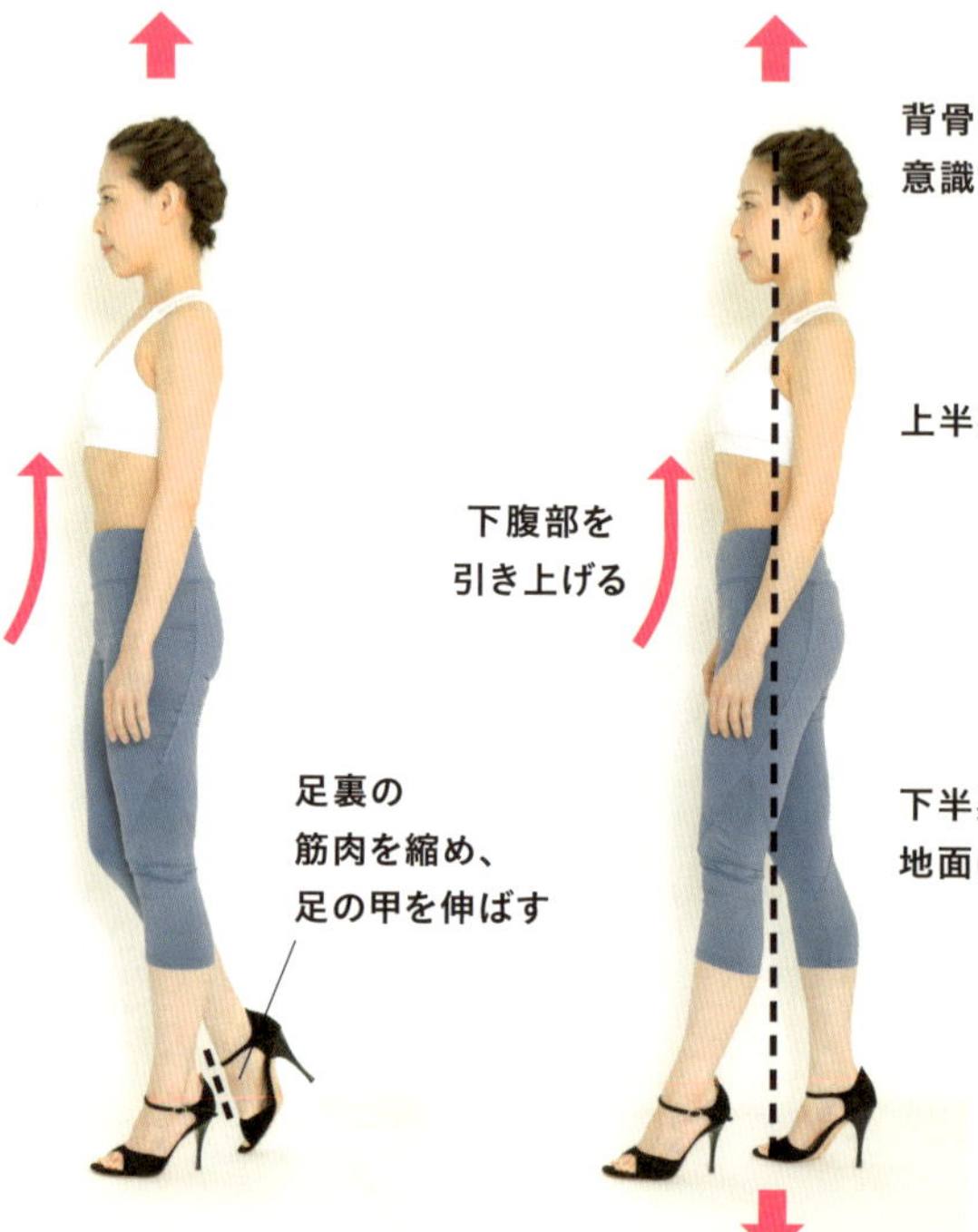

背骨を
意識する
上半身は天井に
下腹部を
引き上げる
下半身は
地面に伸ばす
足裏の
筋肉を縮め、
足の甲を伸ばす

2.
後ろ足の足裏が働く

1.
スタート

close up

靴の中は？

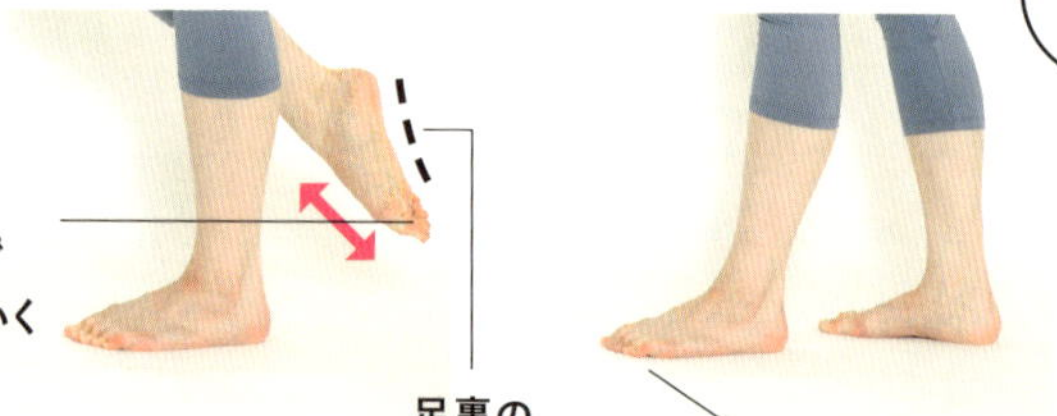

親指の先端は
最後まで地面から
離れないイメージで
足の甲を伸ばしていく
足裏の
筋肉を縮める
正しく立つ

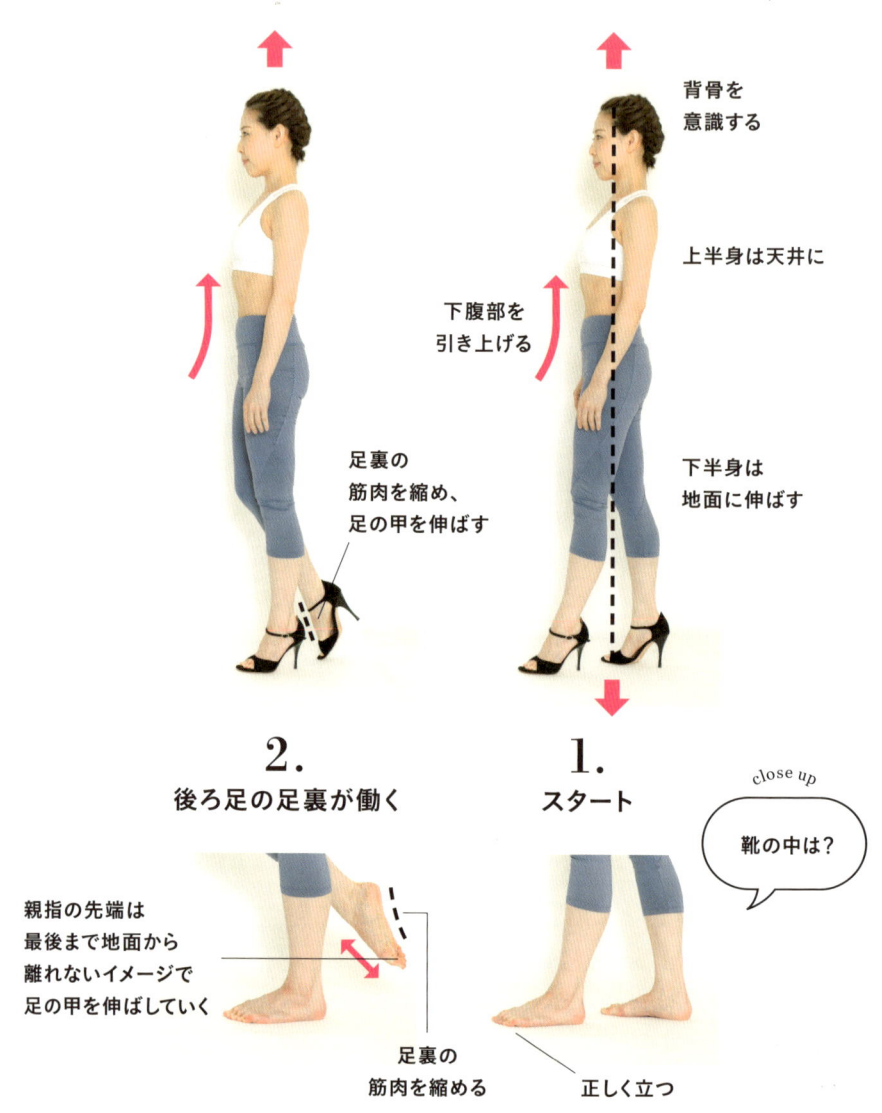

動画をCHECK!

https://youtu.be/mlrQnJilJsE

後ろ足の甲は
伸ばしたまま
前へ運ぶ

3.
甲を伸ばして前へ運ぶ

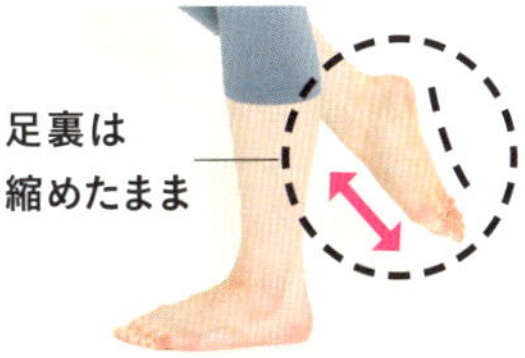
足裏は
縮めたまま

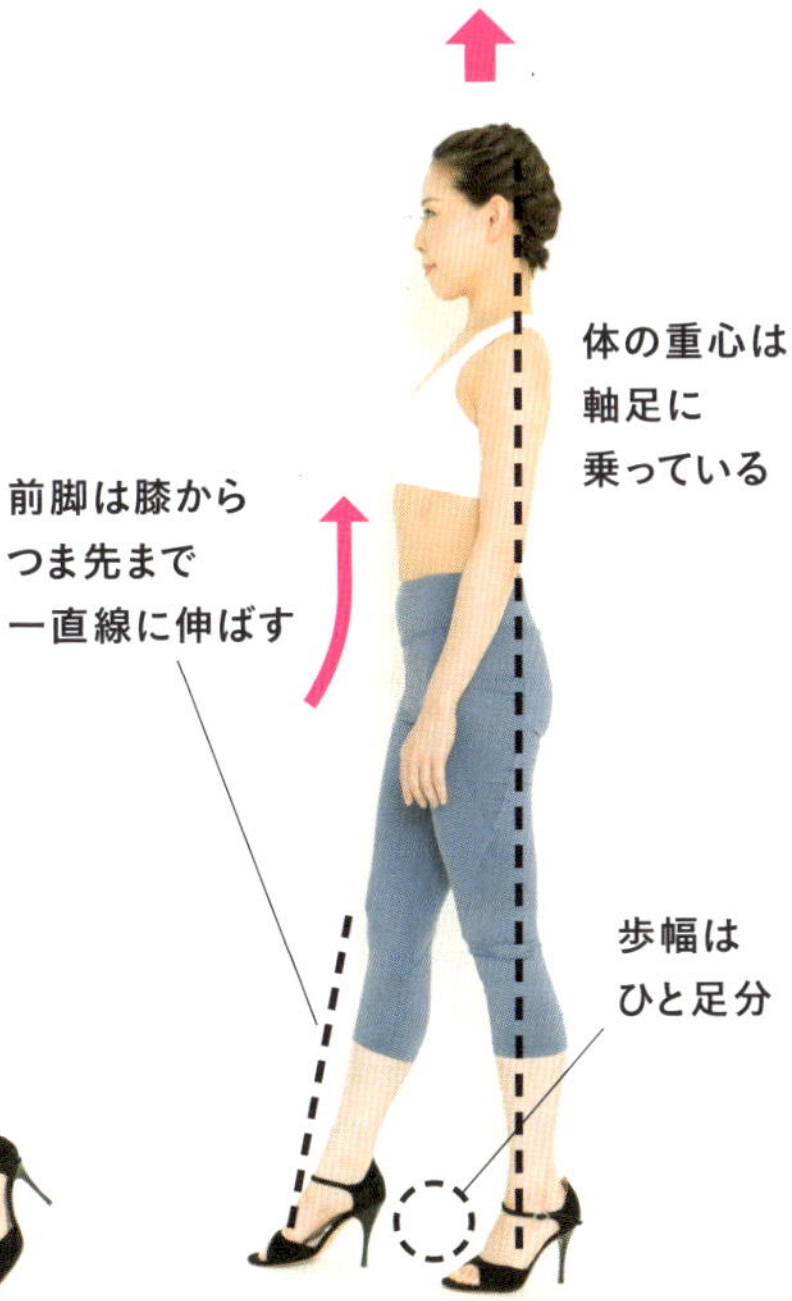
体の重心は
軸足に
乗っている
前脚は膝から
つま先まで
一直線に伸ばす
歩幅は
ひと足分

4.
膝からつま先まで一直線に

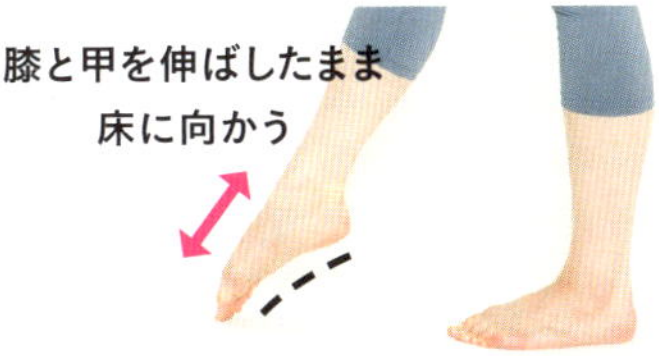
膝と甲を伸ばしたまま
床に向かう

着地した
足の方に常に
上体が乗る

5.
後ろ足を着地

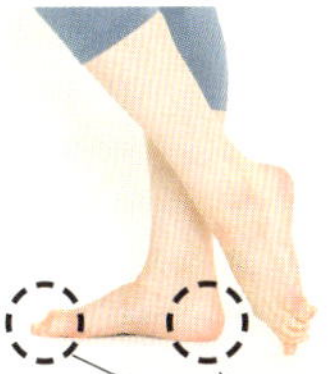
つま先の着地と同時に
かかとがつき、次の体重移動を開始

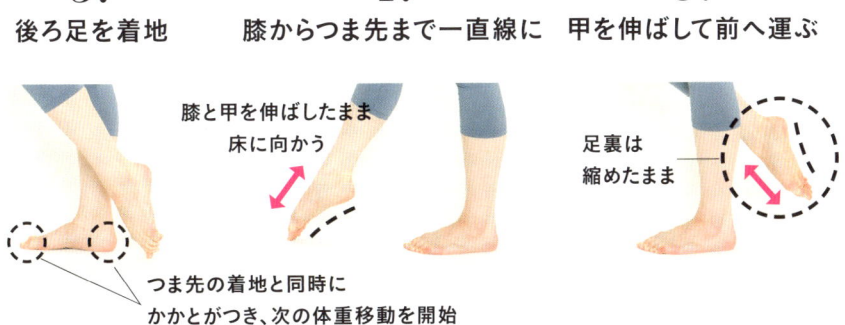

ルールを覚えるエクササイズ

両足で
3分

足踏みエクササイズ

今まで足裏の筋肉を使えていなかった人にとって、足裏の筋肉を使うことは想像以上に難しく、うまくできない方が多いです。このエクササイズで正確に足裏の筋肉を働かせ、足の甲を最大限に伸ばしきってから地面から離すという動きを理解していきましょう。

背骨を上に
引っ張る
常に下腹部を
引き上げる
正しく指で
踏ん張る

1.
正しく立つ

足裏を縮めて
甲を伸ばす

2.
親指を床につけたまま
足の甲を
最大限に伸ばす

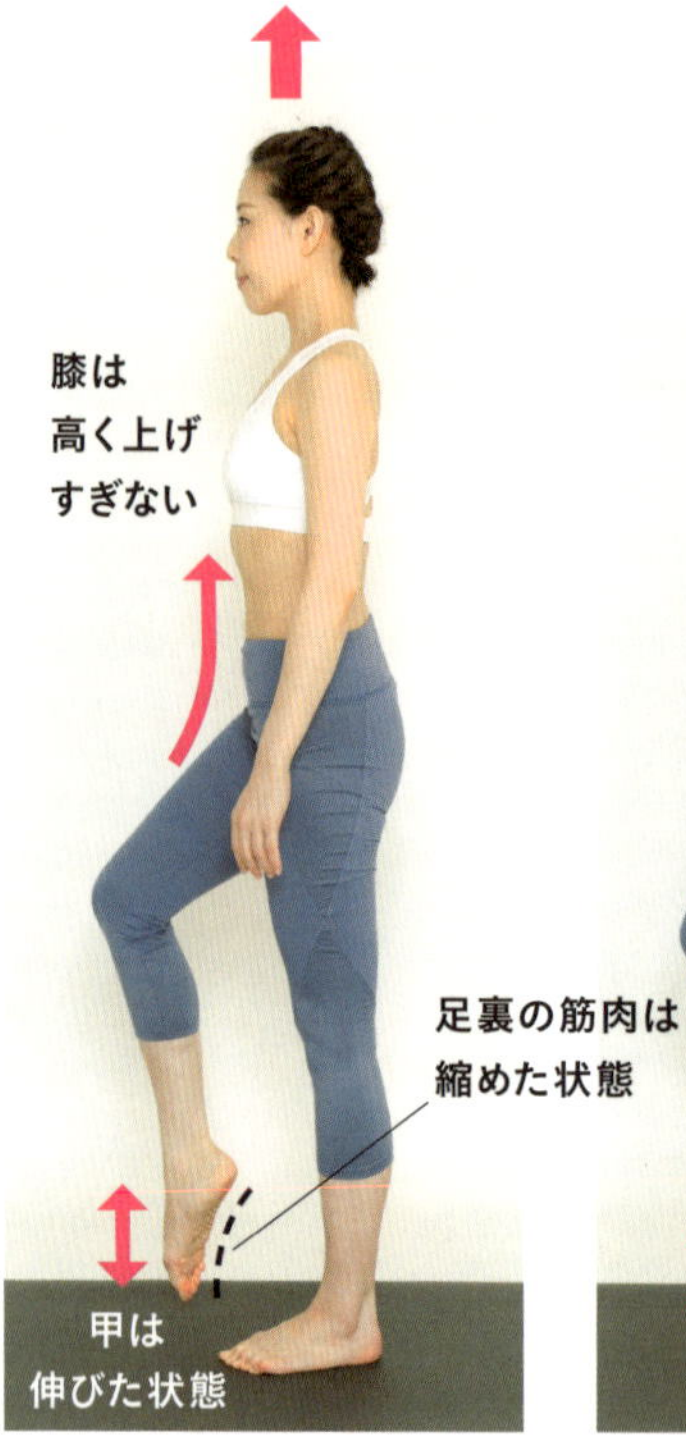
膝は
高く上げ
すぎない
足裏の筋肉は
縮めた状態
甲は
伸びた状態

3.
親指をそのまま
地面から離す

4.

親指先端から突き刺すように下ろす

5.

親指をつけたままかかとを下ろし、親指の先端と親指以外の指の腹で、床に踏ん張る

ステップ2〜4の
正しい状態

OK
○

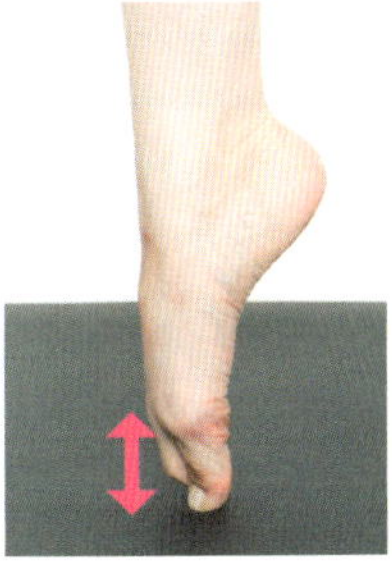

親指の第一関節が
しっかり伸びている

NG
×

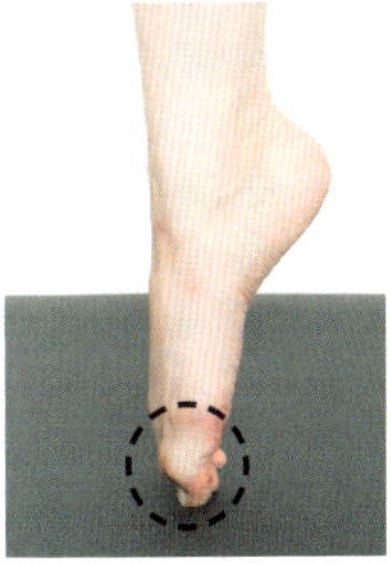

親指の第一関節が
曲がった状態は
足裏の筋肉がうまく
使えていない証拠

動画をCHECK!

https://
youtu.be/
NsqF967jMOI

美脚が遠ざかる歩き方

身体に優しくない歩き方が、ゆがみ、崩れの原因に。
間違った歩き方をしていないかをここでチェックしましょう。

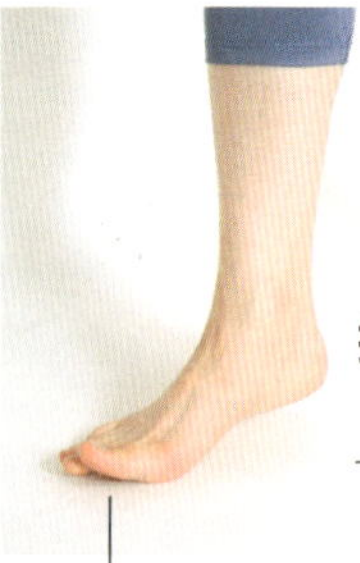

NG ×

指が反り、指のつけ根で着地する

指のつけ根から着地すると、
つけ根の角質が厚くなり、
足の骨が変形。土台が崩れる

NG ×

大股で歩く

腰骨と
左右の骨盤が
歩くたびに
ねじれる

大股で歩くとかかと着地になり、
衝撃の吸収ができず、
前ももが発達。お尻がたれ、
腰痛の原因にもなる

NG ×

足首を曲げたまま歩く

いつでも足首を
曲げたままで歩くと足裏の筋肉が
使われず、前ももが発達し、
たれ尻になったり、腰痛を引き起こす

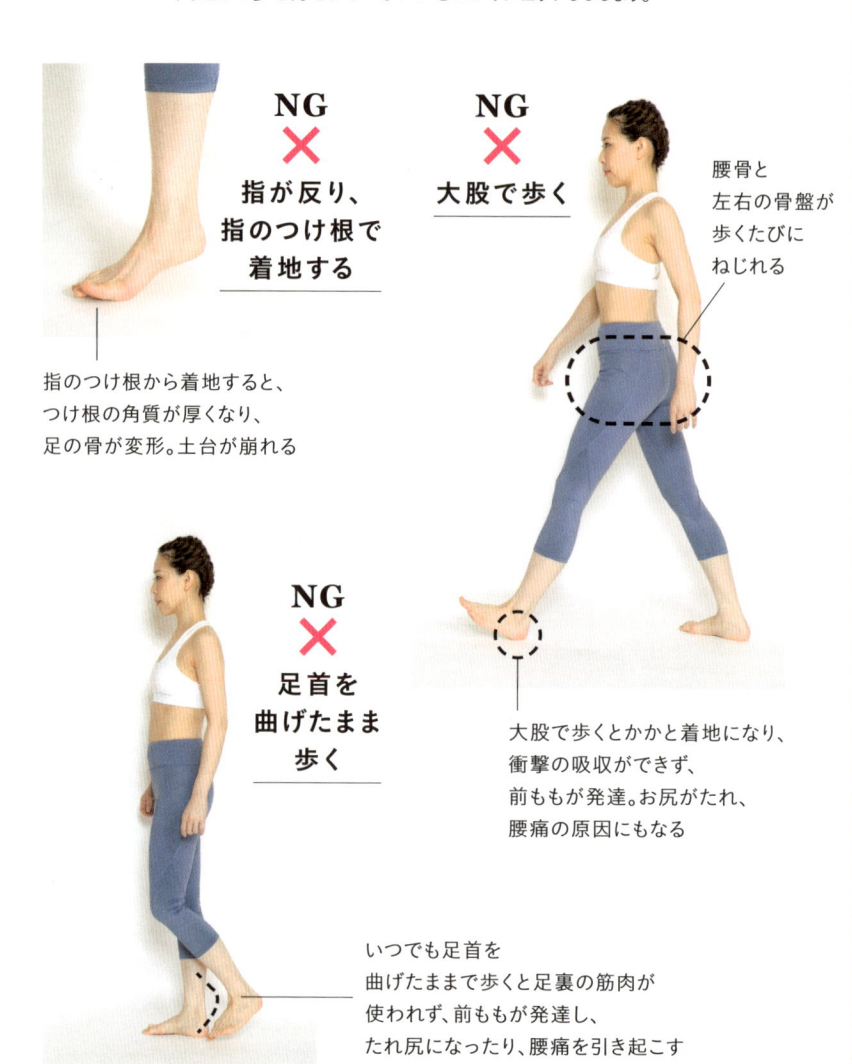

正しい走り方

理にかなった正しい走り方は、陸上選手のように
足裏の筋肉を最大限に使った走り方です。かかとにはほとんど体重をかけません。

まず後ろ足で地面を蹴り、同時に足裏の筋肉を縮め、足の甲を最大限に伸ばし、かかとをお尻の方へ高く蹴り上げます。膝の意識は、膝蹴りをイメージすると分かりやすいです。着地の際、重心が落ちないように常に下腹部を引き上げ、骨盤や頭の位置が上下しないように体幹を安定させて脚を動かすことがポイント。肘は常に後ろに振り、胴体よりも前に出ないように止めることで背中の筋肉が働きやすくなります。

動画をCHECK!

走り方を詳しく知りたい人はこちら↓
QRコード動画URL:
https://youtu.be/J4TbAUzs9Vk

routine_1：毎日のルーティン

ボディチェック

エクササイズの前後は必ずボディチェックを。行う前の状態と終了後の変化を確認しましょう。身体に意識を向ける練習はここから始まります。自分の身体の状態を細部まで認識することで、コントロールすることができ、無意識のクセを改善できます。

前屈チェック

1.

**肩幅より
やや広めに
足を開く**

2.

**ゆっくり
前屈をする**

3.

**前屈体勢のまま
両手を右脚の
方へ移動**

4.

**前屈体勢のまま
両手を左脚の
方へ移動**

日によって違う、
可動域とハリ感を
認識することが大切

前屈時の
可動域を確認

裏ももやふくらはぎの
左右のハリ感の
違いを確認

背そらしチェック

腰に手を当てて後屈し、
背骨の可動域や
腰から首の
つっかかり、痛みが
あるかなどを感じる

動画をCHECK!

https://youtu.be/icXWQFwWrGM

routine_2：毎日のルーティン

最低 片足 約3分

ゴルフボールフットケア

ほとんどの大人の足は大なり小なり変形しています。足裏の筋肉がうまく使えず、溜まったままの疲労をこのフットケアで一掃。最初は激痛が走るかもしれませんが、毎日行うと老廃物が流れ、気持ちよく感じ、クセになります。特に土踏まず側のキワを重点的に行いましょう。

1.

ヨガマットやじゅうたんの上で行う

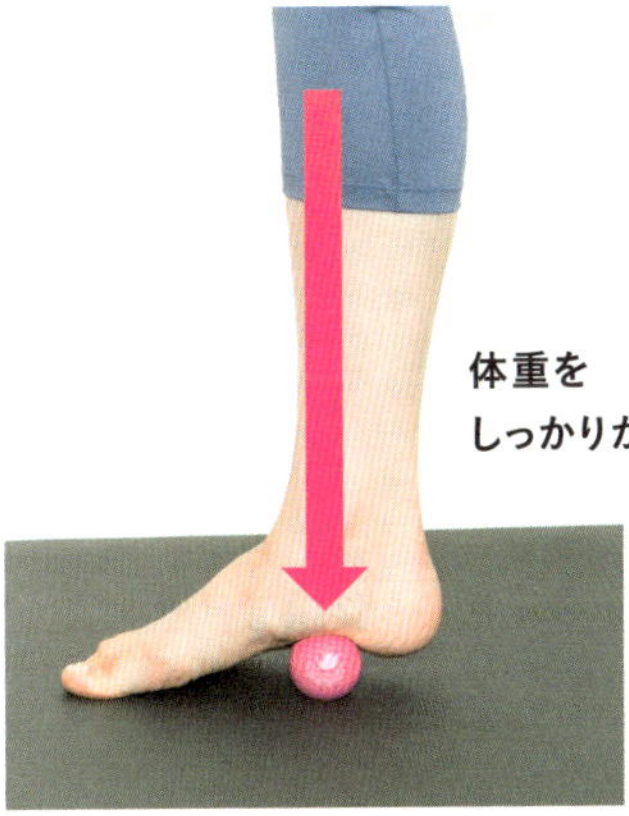
体重を
しっかりかける

2.

かかとに近いくぼみ部分で、
ゴルフボールを
しっかり踏む

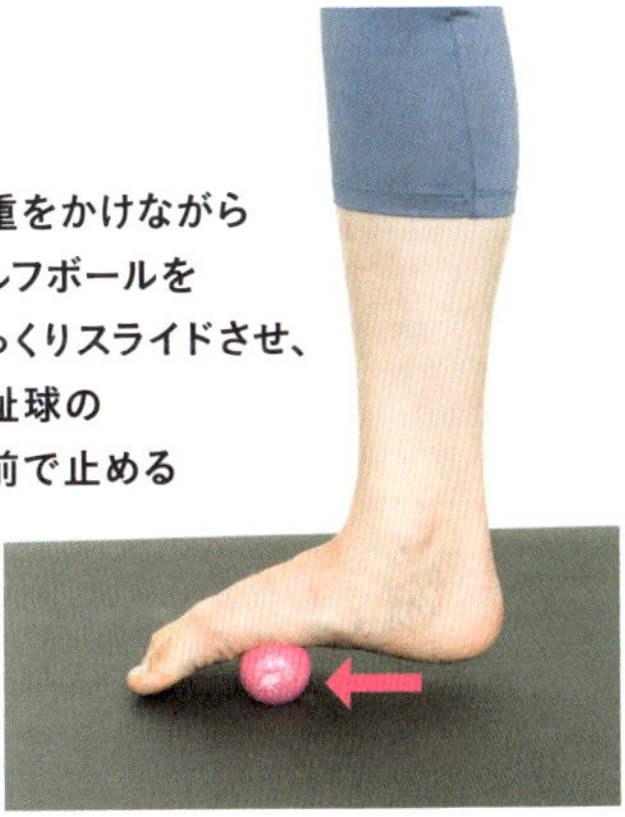
体重をかけながら
ゴルフボールを
ゆっくりスライドさせ、
母趾球の
手前で止める

3.

ゴルフボールを
しっかり踏んだ状態で、
前に転がす

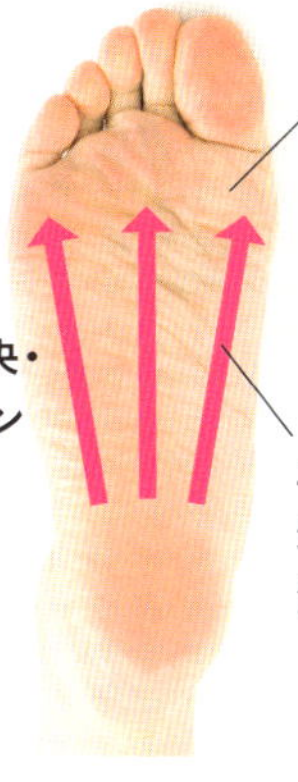
母趾球
土踏まず・中央・
小指の3ライン
土踏まずのラインが
最も疲労が
溜まっている

4.

足裏を3ラインに分け、
ゴルフボールを
ゆっくり転がして、
念入りにほぐす

— Point! —

初めて行うときはかなり痛みを
ともないます。痛みによる
故障はないので、深部の疲労を
取るためにしっかり体重を
かけて行うこと！

動画をCHECK!

https://youtu.be/
IjY0qPJ72F0

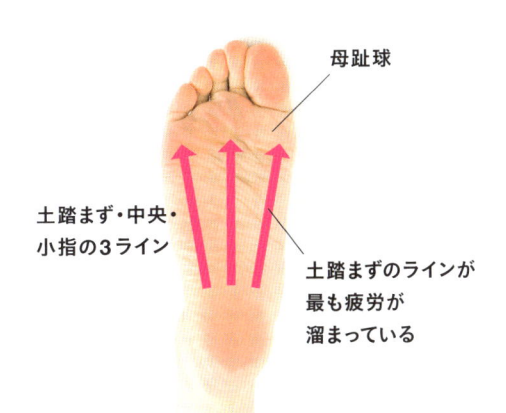

routine_3：毎日のルーティン

指曲げケア

何度行ってもOK

片足30秒

足には手と同じ拳の関節がありますが、普段の使い方が悪いことによってかなり硬くなっている方がほとんどです。足の拳の関節は、膝や股関節の柔軟性にまで大きく影響しています。最初は曲げると痛いですが、関節の可動域が広くなると痛みはなくなります。

関節が硬い人

足を引いて、後ろ足の甲をしっかり伸ばす

足の拳の関節をしっかり床につけ、かかとを前に押し出し、甲を伸ばす

Point!

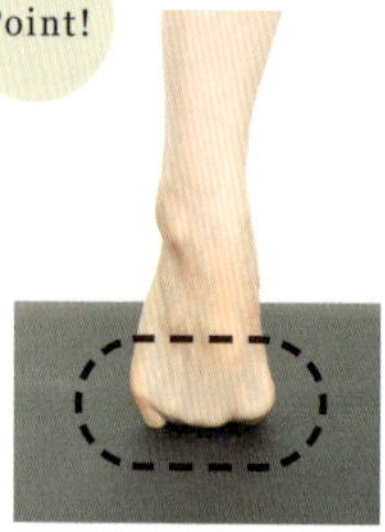

足の拳関節が曲がるように押しつける

Point!

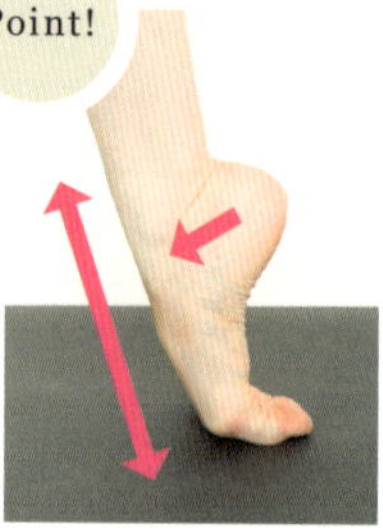

足の甲をしっかり伸ばす

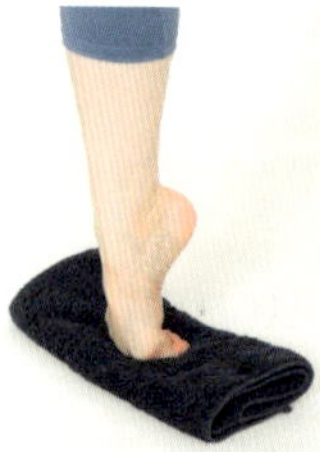

タオルやクッションなど柔らかいものの上で行いましょう

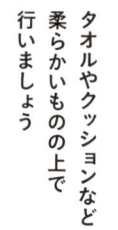

膝が外側を向く

膝が内側に入る

動画をCHECK!

https://
youtu.be/
ryR_woUdlsw

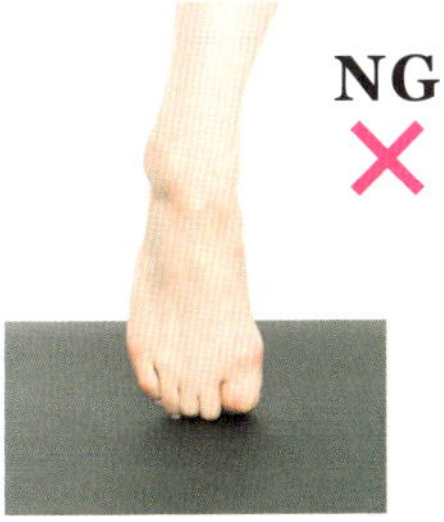

拳の関節ではなく
指が曲がっている

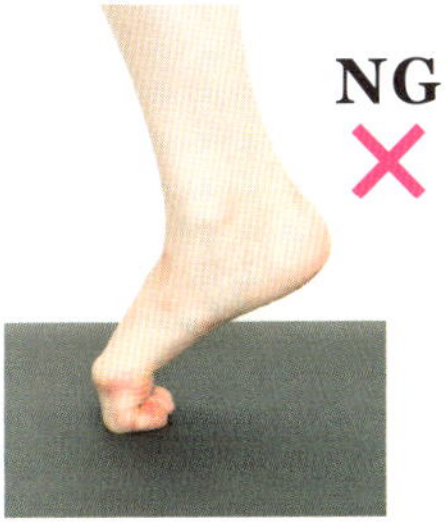

足の甲が
伸びていない

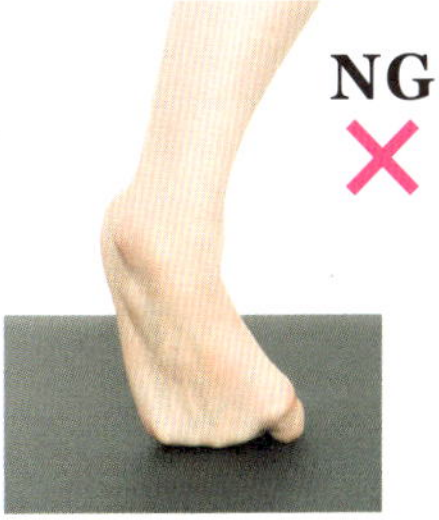

かかとが
外に逃げている

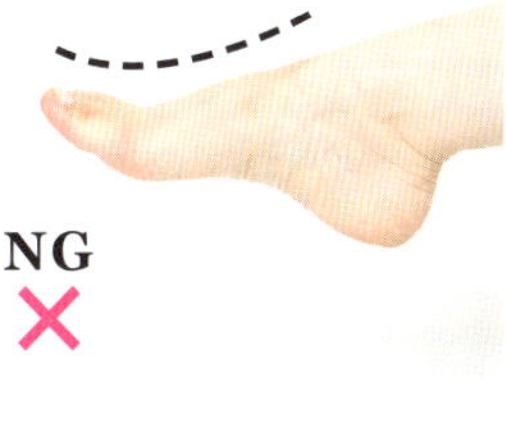

足の拳は なぜ硬くなる？

普段歩くときの着地の際、無意識に指をそらせて指のつけ根辺りから着地することで拳の関節が本来とは逆方向に曲がり、アーチが崩れます。正しい歩き方でそりグセを改善しましょう。

routine_4：毎日のルーティン

エレベーター呼吸

3セット

下腹部のインナーマッスルである、骨盤底筋群と腹横筋を理解するエクササイズ。膣を引き上げる筋肉とお腹をへこませる筋肉を使いますが、力づくで引き上げようとするとアウターマッスルが働き、関節を固めてしまいます。表面はリラックス、中の筋肉だけ使うという意識で行います。

肩は常に
リラックス

1.

**吐きながら膣を軽く引き上げ
お腹をへこませる。
鼻から吸って（3秒）
背中下方に空気。
口から吐きながら膣から
3cm引き上げるイメージ（6秒）。
腕はリラックス**

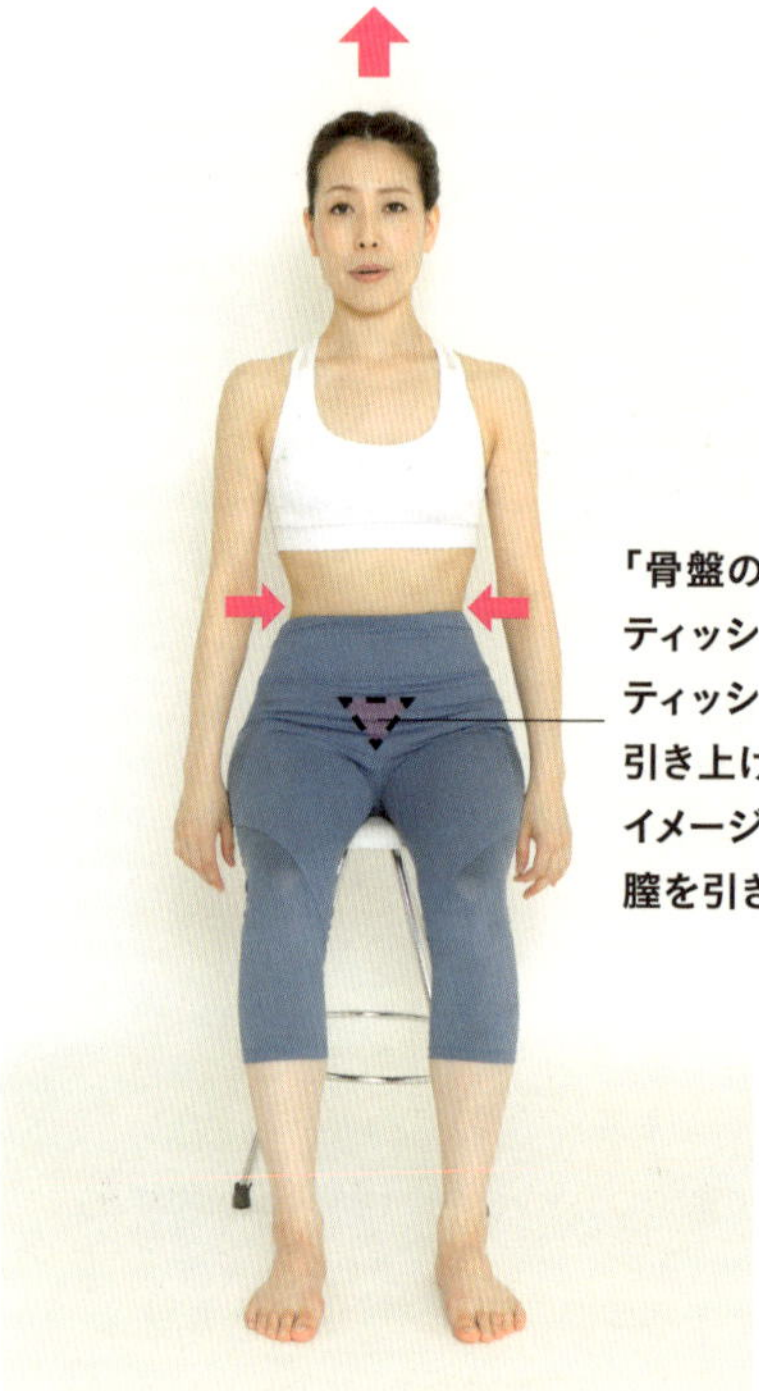
「骨盤の底にある
ティッシュボックスの
ティッシュを1枚だけ
引き上げる」という
イメージで
膣を引き上げる

2.

**軽く引き上げたまま
吸い直し、1より強めに吐き、
さらに3cm引き上げる。
吸うときはお腹を膨らませず、
口からしっかり吐き、
膣を引き上げお腹をへこませる。
背骨は天井へ。首は長く**

動画をCHECK!

https://youtu.be/fXWF9RK9O1I

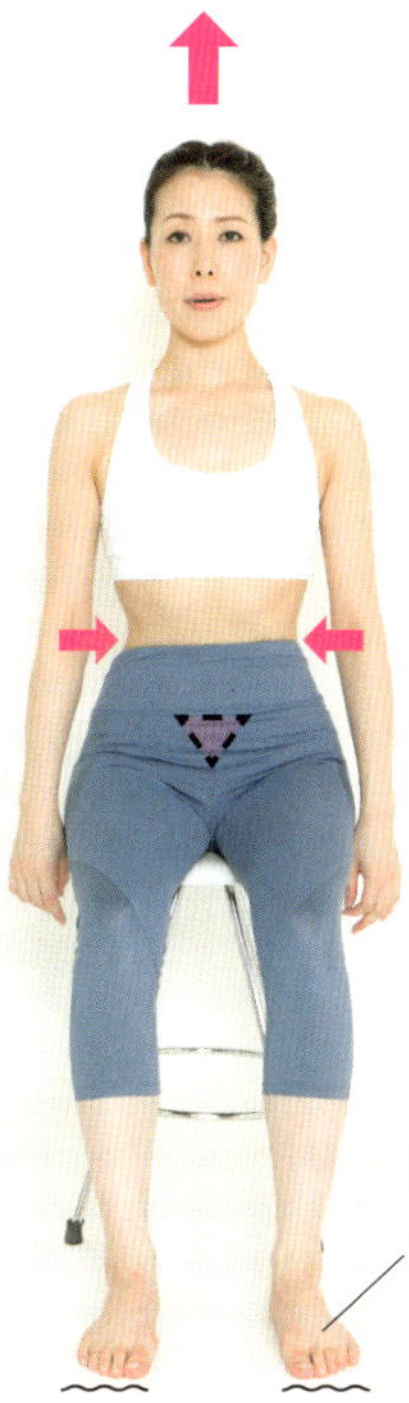
軽く足裏で
床を感じて

3.

**2で引き上げたまま吸い直し、
2より強めに吐き、
さらに3cm引き上げる。
吐きながら膣を引き上げ、
お腹をへこませ、背骨を天井へ
しっかり引き上げる**

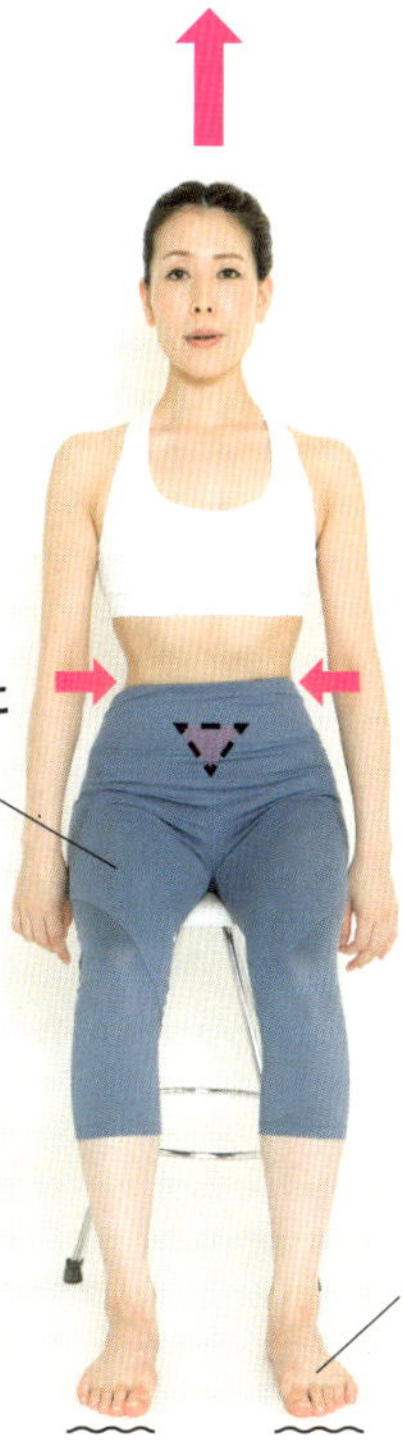
前ももは常に
リラックス
軽く足裏で
床を感じて

4.

**3で引き上げたまま吸い直し、
膣を引き上げる力で最大に
エレベーターを引き上げる。
しっかり吐き、おへそ下まで
エレベーターが引き上がっている
イメージで。前ももの力が
入らないように意識**

Column

美脚メソッドシンデレラストーリー〈2〉

どんな人でも
ボディラインは変えられる

このメソッドは、日常生活で下半身太り体型になった方はもちろん、遺伝的に下半身太り体型になりやすい方、身体にハンディを抱えた方などすべての方に役立つメソッドです。なぜなら、骨や筋肉、靭帯などの構造と重力との関係から、身体を研究したメソッドだからです。ただ、誰もが憧れの美脚モデルのような脚になれるということではありません。しかしどんな身体の持ち主でも、今より体型を美しくすることや疲れづらく軽い身体になること、痛みを緩和させるなどの目的のためにできることはたくさんあります。つまり、自分史上最高ボディを目指すことはどんな人でも可能であるということです。また、このメソッドはただ結果を求めて苦しい努力をするのではなく、身体づくり自体を楽しみ、人生に豊かさをもたらすことができます。身体を正しく動かすと、その瞬間、関節が本来のポジションに近づき、その繰り返しで関節のゆがみは改善され、年齢を問わず身体を自由に動かす機能を向上させて、加齢による老化のスピードを最小限に抑えることができます。逆に間違った使い方のまま放っておくとどんどん体型が崩れ、悪化するスピードが加速し、体型の崩れ以外にも内臓や各器官の機能低下を引き起こします。今、身体の使い方を見直すか、放っておくかで1年後、10年後、30年後の身体の状態に大きな差が出ます。自分の身体を一生、順調に機能させるためにも身体づくりは現代人にとって、必須事項だと思います。

CINDERELLA
BEAUTY METHOD

3

目的別、美脚エクササイズ&ストレッチ

美脚ルール満載！美脚エクササイズとは？

ボディラインが美しくなる動作はクラシックバレエの動きにヒントがあります。〝バレエ〟と聞くと難しそうで抵抗を感じる方もいるかもしれませんが、安心してください。美脚エクササイズではバレエの要素を使いますが、脚を高く上げるなどの高度な動きは一切せず、呼吸に合わせて超スローモーションの動きでエクササイズを行います。なぜなら、あなたの身体を自然と美脚ルールができる身体に変えていくには、ゆがみを整え、姿勢を美しくするインナーマッスルを使い、正確に身体をコントロールすることが最も重要なポイントだからです。回数にこだわるより、身体に集中し、正確性を重視して取り組みましょう。

exercise

脚を美しくする外旋の動きがあるエクササイズ。やればやるほどどんどん美脚に。

美脚エクササイズ

exercise_ 1
一番プリエ

呼吸に合わせて膝をつま先より外にねじりながらほんの少し屈伸することで、外旋筋群と内ももの筋肉を活性化させるエクササイズ。

exercise_ 2
二番プリエ

足のポジションを肩幅に広げて一番プリエと同じ動きを行います。外旋筋群とハムストリングス（太もも裏側）を活性化させるエクササイズ。

exercise_ 3
一番ルルベ

足裏、内もも、下腹部、脊柱起立筋など全身のインナーマッスルを使って足の甲を伸ばす動きを行います。美姿勢にも効果大。

exercise_ 4
一番タンジュ

骨盤は動かさず、膝を伸ばしたまま外旋した脚を前、横、後ろへ動かす動き。つま先を伸ばす動きで衰えた足裏の筋肉強化にも◎。

バレエでは太ももの骨を外にねじる〈外旋〉という動きを行います。身体の構造上、股関節は太ももの骨が外旋しているときに最大可動域まで動かせます。逆に太ももの骨を内側にねじる〈内旋〉の動きは、股関節の動きが最も制限され、膝や股関節周辺の故障の原因になる場合があります。股関節の外旋は、お尻の下の外側にある〈外旋筋群〉という小さなインナーマッスルが行います。外旋筋群は美脚、美尻には欠かせない筋肉です。外旋筋群を働かせるための美脚ルールは〈膝とつま先は常に同じ方向に向ける〉というルールです。実は下半身太りの方はこのルールが守れていません。地べたに座ろうとしゃがむとき、多くの女性は膝を内側に向け、つま先を膝より外へ向けてしゃがみます。これは太ももとスネの骨がゆがんでいる証拠です。このゆがみは骨盤と足首にも悪影響を与えます。バレエの要素を用いた美脚エクササイズはこれらの問題を改善します。

stretch

美脚ストレッチを行うと美脚エクササイズがよりやりやすくなります。

exercise_ 5

一番後ろピケ

美尻、ヒップアップに効果大。後ろのタンジュをした状態からつま先まで伸ばした脚を5cmほど上にタップするエクササイズ。

美脚ストレッチ

stretch_1

カエル潰れたストレッチ

うつ伏せで脚をひし形にし、外旋可動域を広めるストレッチ。3分静止することで股関節がじわじわと外旋方向へ動いていきます。

stretch_2

壁を使った前ももストレッチ

前ももが太い方、力が入りやすい方におすすめのストレッチ。美脚エクササイズの前に行うと効果がアップします。

stretch_3

エビぞりストレッチ

背骨が硬く、背そらししづらい方にオススメ。背骨の柔軟性が高まることで、上半身が引き上げやすくなり、脚の負担が減ります。

exercise_1：ゆがみを取り・内もも強化に効く！ 美脚エクササイズ

10回

一番プリエ

一番プリエはつま先が開いているように見えますが、実際は太ももを外にねじっているだけでつま先は外にねじっていません。膝の向きよりもつま先を開きすぎると逆効果になるため要注意です。上半身は胸を張りすぎず、肩はリラックスして首は長く保ちましょう。

このかたちが
一番ポジション
上半身は常に天井へ。
下半身は地面へ引っ張る
太もものつけ根から
脚全体を外に回す
内ももで
本を挟む意識
つま先は
開きすぎず
45度に
正しく立つ
⇒P.40,42

1.

かかとをつけて膝を最大限外にねじり、
つま先を膝の角度に合わせる。
鼻から吸い、背中の下に空気。
口から強く吐き下腹部を引き上げ背骨を天井へ。
足裏は終始踏ん張る

NG

・肋骨が前に出ている
・骨盤が前傾し、
　お尻が出ている
・膝がつま先より
　内側に向いている

NG

・骨盤が後傾している
・膝に対してつま先が
　開きすぎている

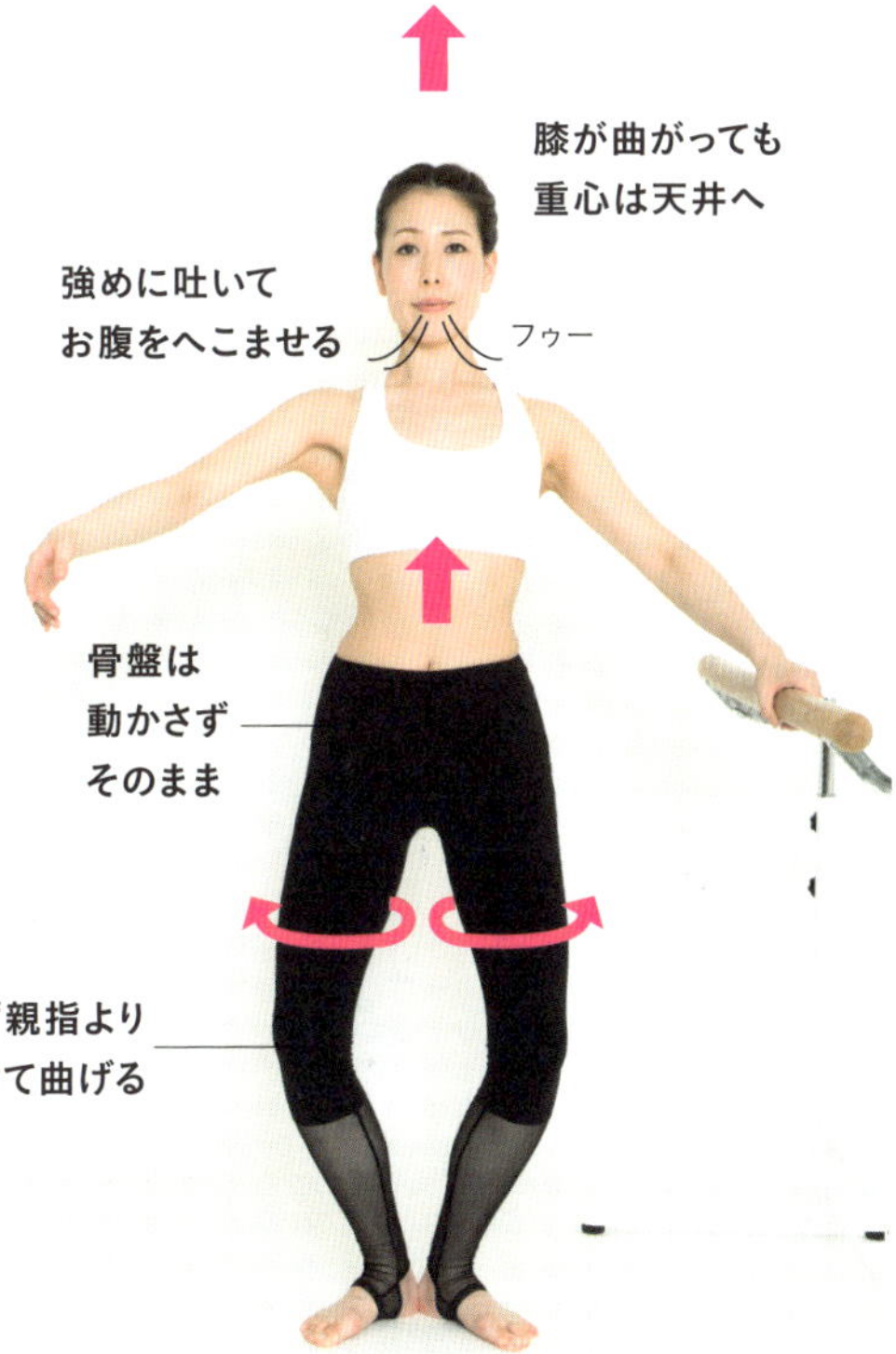

膝が曲がっても
重心は天井へ
強めに吐いて
お腹をへこませる
フゥー
骨盤は
動かさず
そのまま
膝は必ず親指より
外に向けて曲げる

2.

足裏で踏ん張り、膝を最大限
外にねじりながらほんの少し曲げていく。
息を強めに吐き、膝を外にねじっていく。
外重心にならないよう、
足の親指でしっかり踏ん張って

動画をCHECK!

https://
youtu.be/
MEse5VXmWPE

exercise_2：骨盤まわりをスッキリさせる！ 美脚エクササイズ

二番プリエ

10回

肩幅がすっぽり収まるくらい広い足幅にします。このときつま先の向きは一番プリエと同様の角度に。開きすぎると逆効果です。呼吸に合わせ、下腹部と背骨の引き上げ、足の踏ん張りを意識した中でつま先より外に膝を外旋して行うと効果UP。

このかたちが
二番ポジション
背骨は
常に天井へ
つま先は
開きすぎず
45度に

1.

脚の付け根から外旋し、
肩幅より足を大股に開く。
足裏で踏ん張り、
下半身は地面、
上半身は天井に引き上げて、
背中に空気

強めに吐いて
下腹部を
引き上げる
膝はほとんど
曲げないが
外旋は強く意識

2.

吐きながら下腹部を引き上げる。
同時に足裏をさらに踏ん張り、
背骨を伸張させてから、
骨盤は一切動かさず、
親指より膝を外に向けて
軽く曲げる

応用編

二番グランプリエ

二番プリエに慣れてきたら、よりハードなエクササイズを加えて

5回

骨盤と上体は
一切傾けない

1.

脚の付け根から外旋し、
肩幅より足を大股に開く。
スタートは二番プリエと同様に

膝を曲げても
重心は天井へ
つま先より
膝が外向き

2.

骨盤が前後に傾かずに外旋が
できる範囲まで曲げる。強めに吐き、
膝の位置を正確に守って行う。
つま先より膝が
内側に入りやすいので要注意

NG
・骨盤が
後傾

NG
・上体が
前のめり
・でっちり

動画をCHECK!

https://
youtu.be/
gP6UAYLsxlc

10回

一番ルルベ

足裏の筋肉を使うだけでなく、下腹部や脊柱起立筋など、上半身の筋肉も使って、つま先立ちを行うことで美脚効果が。かかとを下ろす際も背骨を引き上げながら下ろすことで、より上半身のインナーマッスルが働き、姿勢改善にも効果があります。

肘は胴体
よりも前に
内ももで
本を挟む意識
かかとを付けて
しっかり踏ん張る

1.

**バーを両手で持ち、
一番ポジションの姿勢をとる。
鼻から吸い、背中に空気。
口から吐き、下腹部を
引き上げてから次の動作へ**

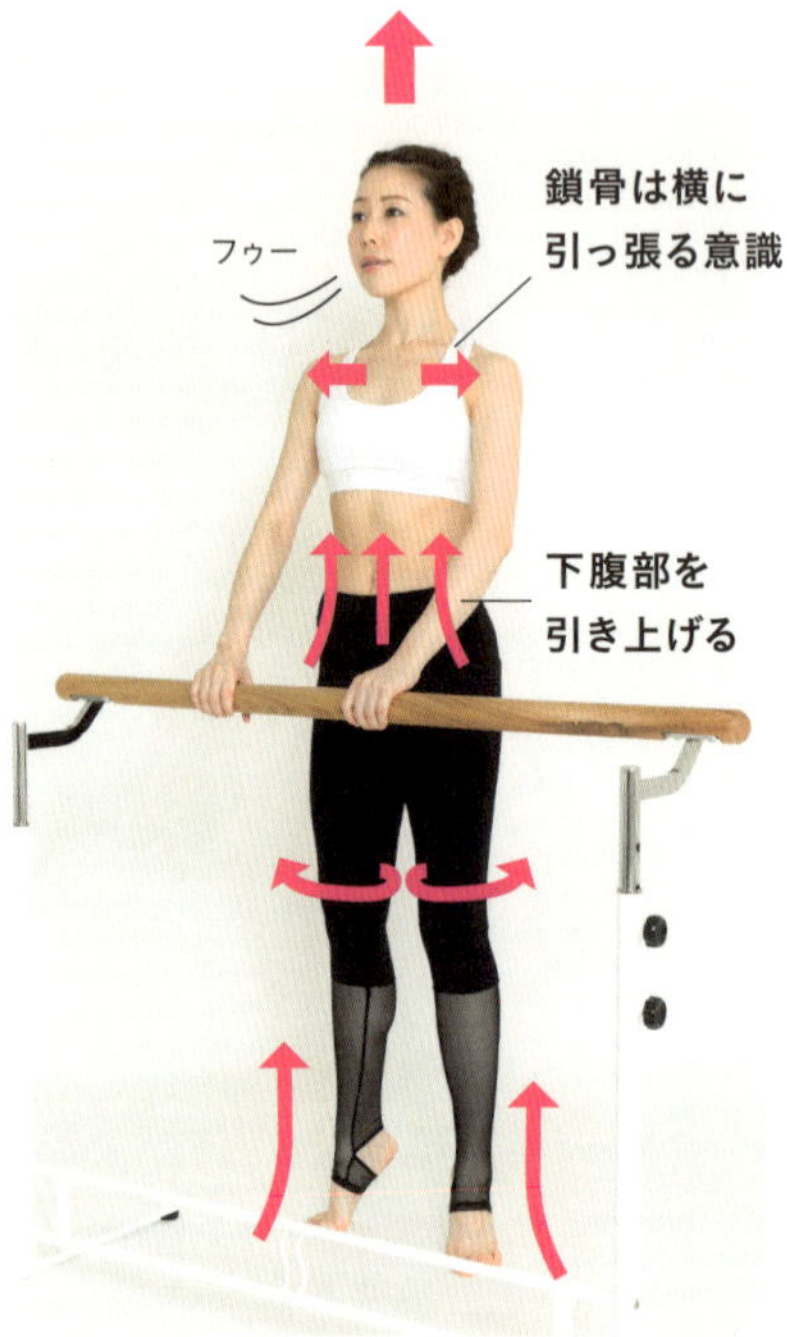
フゥー
鎖骨は横に
引っ張る意識
下腹部を
引き上げる

2.

**下腹部と足裏を使い、
垂直にゆっくりつま先立ちに。
垂直に身体を持ち上げる。
下ろす際、最初よりも
重心が高い位置に戻す意識で**

NG
✕

**下腹部が抜けると、
鎖骨の位置が軸からズレてしまう**

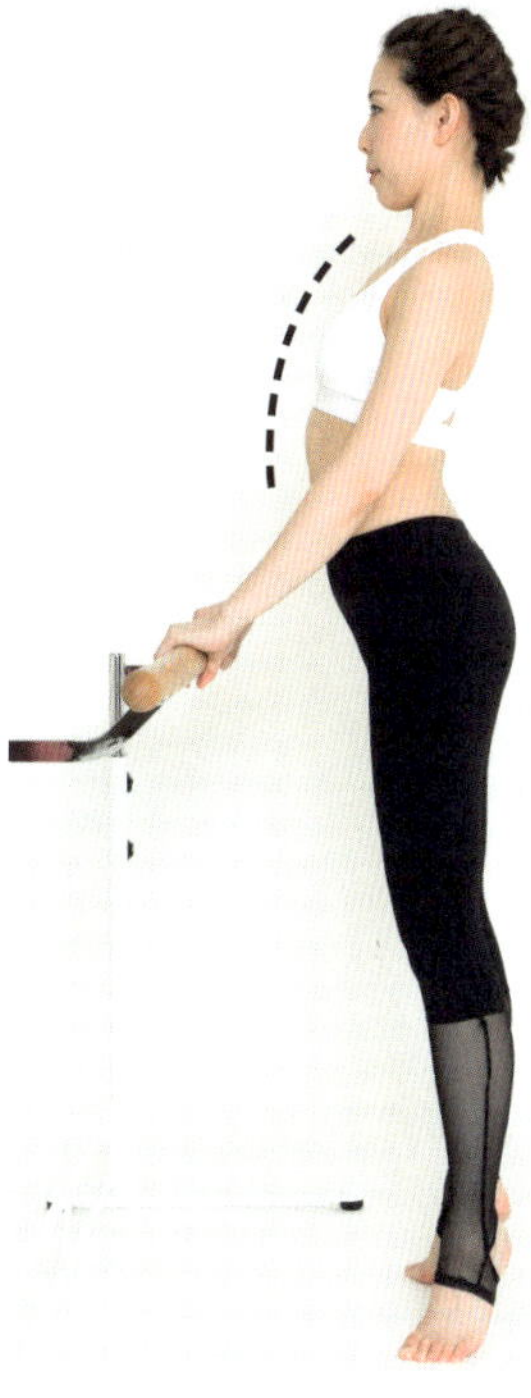

姿勢を良くしようとして
背中に力を入れすぎないように。
下腹部に意識を向けて

OK
○

**骨盤と肋骨の位置が
崩れていない**

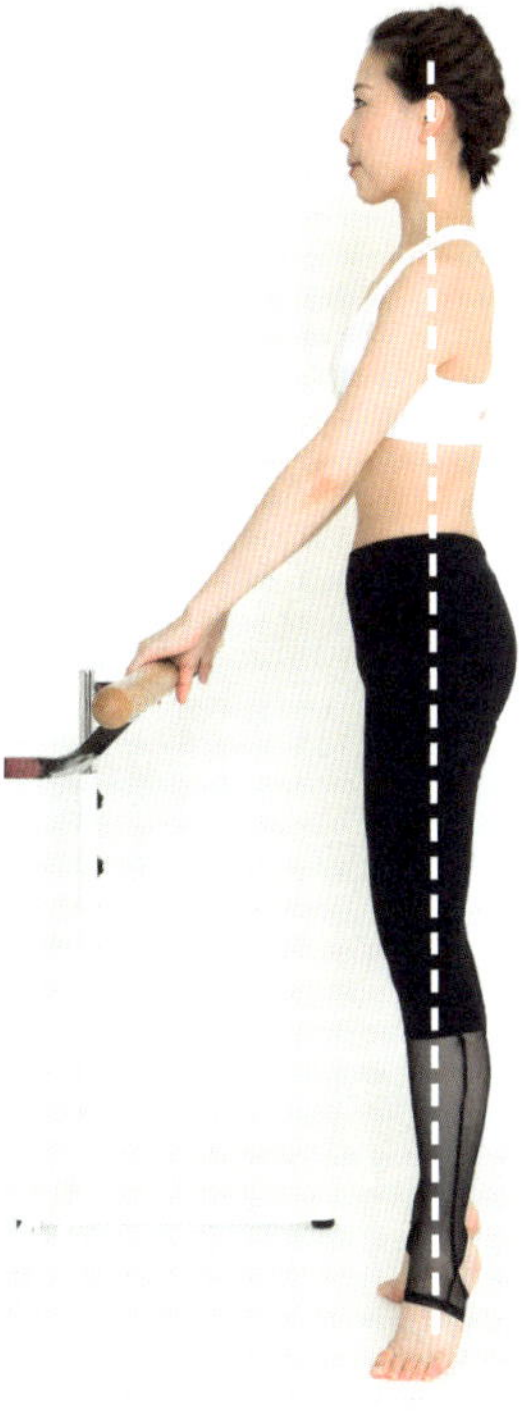

くるぶし、股関節、
耳は一直線に

動画をCHECK!

https://youtu.be/
Ccrg_hOnN6Y

exercise_4：足裏強化・バランスアップに効く！ 美脚エクササイズ

5回

一番タンジュ

片脚重心で、もう片方の脚を動かすエクササイズ。骨盤は動かさず、脚だけゆっくり正確に動かしましょう。股関節周りのインナーマッスル強化と足裏の筋肉を縮めて足の甲を伸ばす美脚ルールが身につきます。軸足の足裏と下腹部を常に意識して行うと効果UP。

前のタンジュ
骨盤は
動かさない
膝を曲げず
外旋したまま、
前へ
つま先まで
伸ばしきる
軸足は
しっかり
踏ん張る

内ももで
本を挟む意識
つま先は
開きすぎず
45度に

1.

一番ポジションで
立つ。目線は
正面のままでもOK。
下を向かないよう
注意

2.

膝を曲げず足裏で
床をすりながら
足を前に出し、
つま先まで
一直線に伸ばす。
戻すときも
膝は伸ばし、
外旋したまま戻す

動画をCHECK!

https://youtu.be/UV_SKb5QVeM

横のタンジュ
膝を外にねじりかかとを前に押し出しながら横に出す
軸足はしっかり踏ん張る

3.

胴体よりやや前方に、外旋したまま床をすり、つま先まで伸ばしきる。戻すときは内ももで脚を寄せてくるように戻す

後ろのタンジュ
下腹部をしっかり引き上げる
膝を曲げず小指から床をすりながらつま先を伸ばしきる
軸足はしっかり踏ん張る
身体の外に脚が逃げないように真後ろへ

4.

下腹部を引き上げ、膝は伸ばし、外旋したまま真後ろに引き、つま先まで一直線に伸ばす。戻すときは床をすり、かかとから脚を寄せてくるように戻す

exercise_5：背中・ヒップ・裏ももに効く！ 美脚エクササイズ

一番後ろピケ

10回

背中から足裏までの背面に効くエクササイズ。特にヒップアップに効果的。後ろに脚を引き、5cmほど上に10回タップしますが、タップと同時に軸足の踏ん張りと、下腹部の引き上げを意識して行うと効果UP。後ろ脚を引くとき、骨盤より外に出ないように注意。

骨盤は
正面のまま
後ろのタンジュ
⇒P.71
下腹部を
引き上げる
軸足は
しっかり
踏ん張る
親指の先端は
地面につけたまま
つま先を伸ばしきる
内ももで
本を挟む意識
つま先は
開きすぎず
45度に

2.

**後ろのタンジュ（P.71）を
行う**

1.

**一番ポジションで
立つ**

Point!

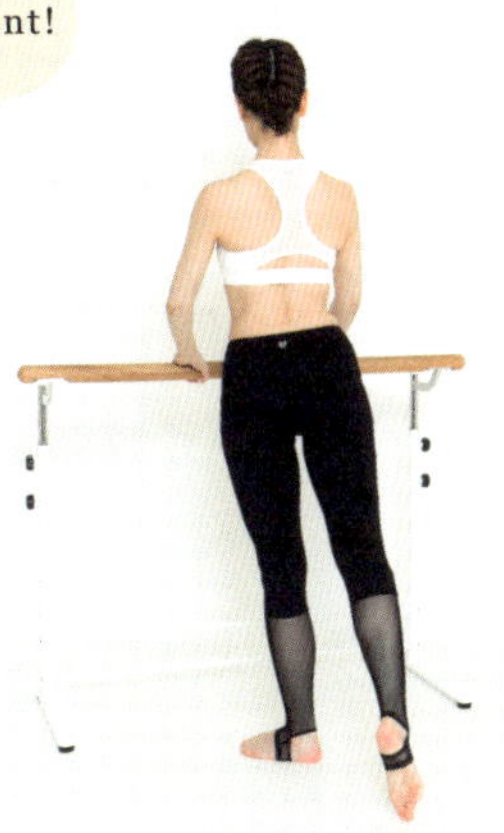

片手だけでは重心が
グラグラしてしまう場合は、
両手でバーを持ってもOK

NG ×

・下腹部が抜けている
・骨盤がズレている

「ピケ」はフランス語で
突き刺すという意味。
アイスピックのように
脚を突き刺してタップします

膝からつま先まで
一直線につき刺し、
5cm上に
小指からタップ
タップと
同時に
下腹部を
引き上げる

3.

足裏を縮め、膝と甲を伸ばした状態で5cm上にタップ

動画をCHECK!

https://youtu.be/mGjlgMEKe68

3分

カエル潰れたストレッチ

ゆがみがない人は、このポーズを行うとかかとが床につきますが、多くの方はかかとが大きく床から離れます(P.74右下図)。脚をひし形にすることで外旋方向に骨が徐々に動いていきます。ベッドなど床が柔らかい場所で行い、お尻が浮く場合は骨盤の下にクッションを。

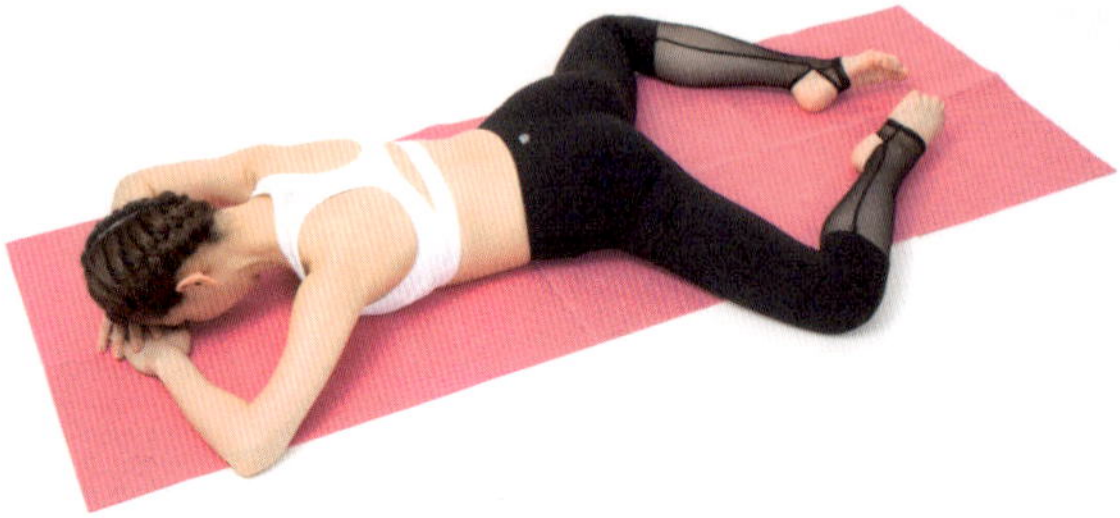

1. **うつぶせに寝て、脚をひし形に。**
ゆっくり呼吸しながら3分キープ

Point!

ポーズがかなり難しい場合は、
片方ずつ膝を曲げてOK

Point!

ゆがみがあるとこのように
かかとが大きく離れがち。
ベッドの上などで3分トライして

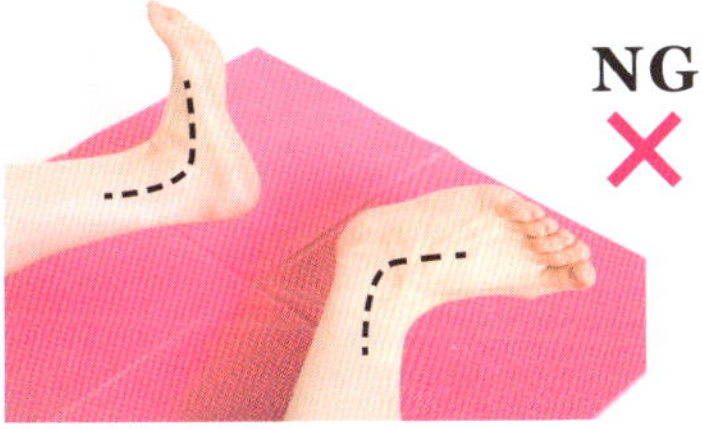

足首を曲げてしまっている

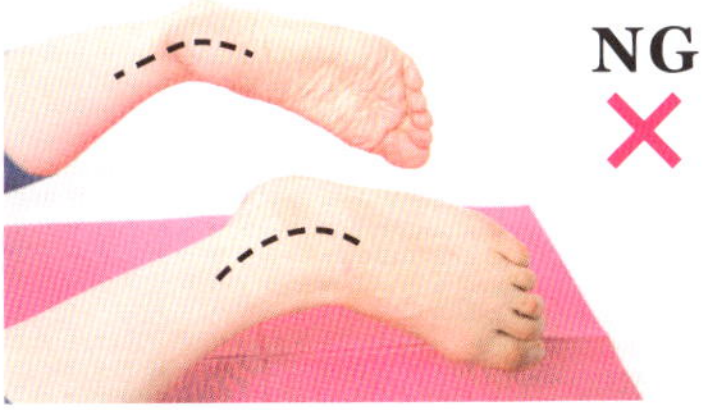

足首が曲がってかかとより
指が床に向いている

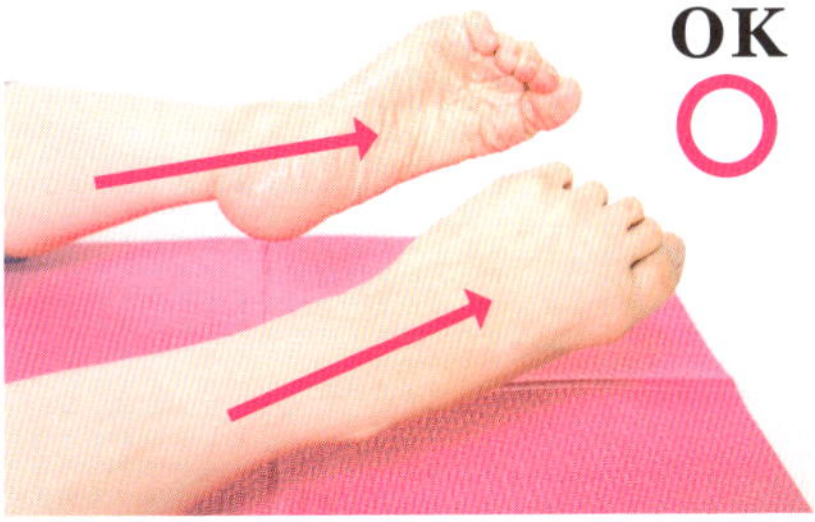

足の甲がまっすぐ伸び
足裏の筋肉が縮んだ状態

応用編

1.

**足裏の筋肉を縮め、
甲をまっすぐ伸ばす**

下げるとき、かかとよりも指が
先行すると股関節が内旋するため注意

2.

**足の形を変えず、かかとから
交互に上げ下げをする**

動画をCHECK!

https://youtu.be/
eFCQMyzaRD0

壁を使った前ももストレッチ

30秒

普段、無意識に力ませて使っている前ももを的確に伸ばすことができます。見本では伸ばす方の膝を壁につけて行っていますが、最初はかなりきついので、壁から15cmほど離してOK。後頭部を壁につけて行いましょう。骨盤、膝、つま先の位置を整えて行うと効果UP。

1.

片方の膝を壁に近づける。初心者は膝を壁から15cmほど離すこと

2.

もう片方の膝を立て、クラウチングスタートのような体勢をとる。前足のかかとは膝よりも壁から離して

Point!

骨盤と両肩は水平。
立て膝とつま先は
骨盤と同じライン上で
正面向きに

3.

上体を起こして骨盤を水平にし、
頭を壁につける。余裕のある人は
肩、背中も壁につけて。しっかり呼吸

NG ×

- 右の骨盤が
  前にズレている
- 壁の膝が内側に
  ねじれている
- かかとが
  立て膝より
  前に出ていない

NG ×

- 肩と骨盤が
  水平でない
- 膝が内側に
  向いている

動画をCHECK!

https://youtu.be/
vLkiqYGEp4M

stretch_3：美姿勢に効く！ 美脚ストレッチ

エビぞりストレッチ

30秒

デスクワークやイス生活により背骨が硬くなり、背中の筋肉が萎えることで脚に大きな悪影響を及ぼしています。このストレッチのポイントは、背骨と手足を伸ばすベクトル。下脚の足裏を縮ませ、膝裏を伸ばす意識で効果UP。背中が縮まる感覚があれば◎。

1. 横向きに寝て、
下の手を床に向け頭の上に伸ばす

2. 手を後ろに引き伸ばして、
上の脚の膝を深く曲げる

3.
上体をそらせて
頭を後ろへ

首が痛い場合は
枕を使用する

膝裏を伸ばす
両肘で
引っ張り合う
足裏を縮めて
甲を伸ばす
頭頂をそらせ
背中を縮める

4.
矢印の方向に
全身を伸ばして完成

Point!

前から見た図。大きく呼吸し、
吐けば吐くほど背をそらせていく。
肩、手首、指先は力まないこと

動画をCHECK!

https://
youtu.be/
A-gliwoHpfY

Column

美脚メソッドシンデレラストーリー〈3〉

〈かかと着地〉という常識への疑問

現在の正しい歩き方は「かかとから着地する」というのが常識です。しかし、私はこれについて、異なる考え方を持っています。例えばジャンプをするとき、地面からの衝撃を最も吸収できる着地の仕方は、猫のようにつま先から着地する動作です。バスケットボールの選手によく起こるアキレス腱断裂の故障は、足裏を縮め、甲を伸ばさずにジャンプし続けることでアキレス腱が耐えきれず故障に至ります。高い重心で動くバレリーナは、ジャンプやステップなど、移動するときにかかとから着地することはありません。甲を最大に伸ばした状態から着地に入り、かかとが地面に着く頃には足の上に骨盤があり、軸をブラさずに身体を自由にコントロールすることができます。また、そもそも四足歩行の哺乳類のかかとは地面についておらず、前進するときは必ずつま先で地面を蹴り、甲を伸ばして前に運びます。二足歩行の私たちは、かかとが地面につかないと不安定になるのでかかとの位置が下りたわけですが、だからといって、かかとから着地するのは、進化の過程を見ても、不自然ではないかと考えています。私のメソッドの着地は厳密に言うと、〈つま先とかかとがほぼ同時に着地する〉という説明になるのですが、混乱する方が多いため、この説明はせず、後ろ足の動きの重要性にフォーカスして指導しています。甲を伸ばし、着地と同時に下腹部を引き上げるとおのずと〈つま先とかかとがほぼ同時に着地する〉という正しい着地ができます。

4

日常動作でできる美脚ルール

scene 1

階段の上り下り

本来、階段の上り下りで前ももはほぼ使いません。上るときは足裏、お尻下にある外旋筋群、下腹部を使い、下りるときは、猫と同様に足の甲を伸ばしてつま先から着地し、地面からの衝撃を吸収します。足裏の筋肉をうまく使うとこれらの使い方が理解できます。

上り方

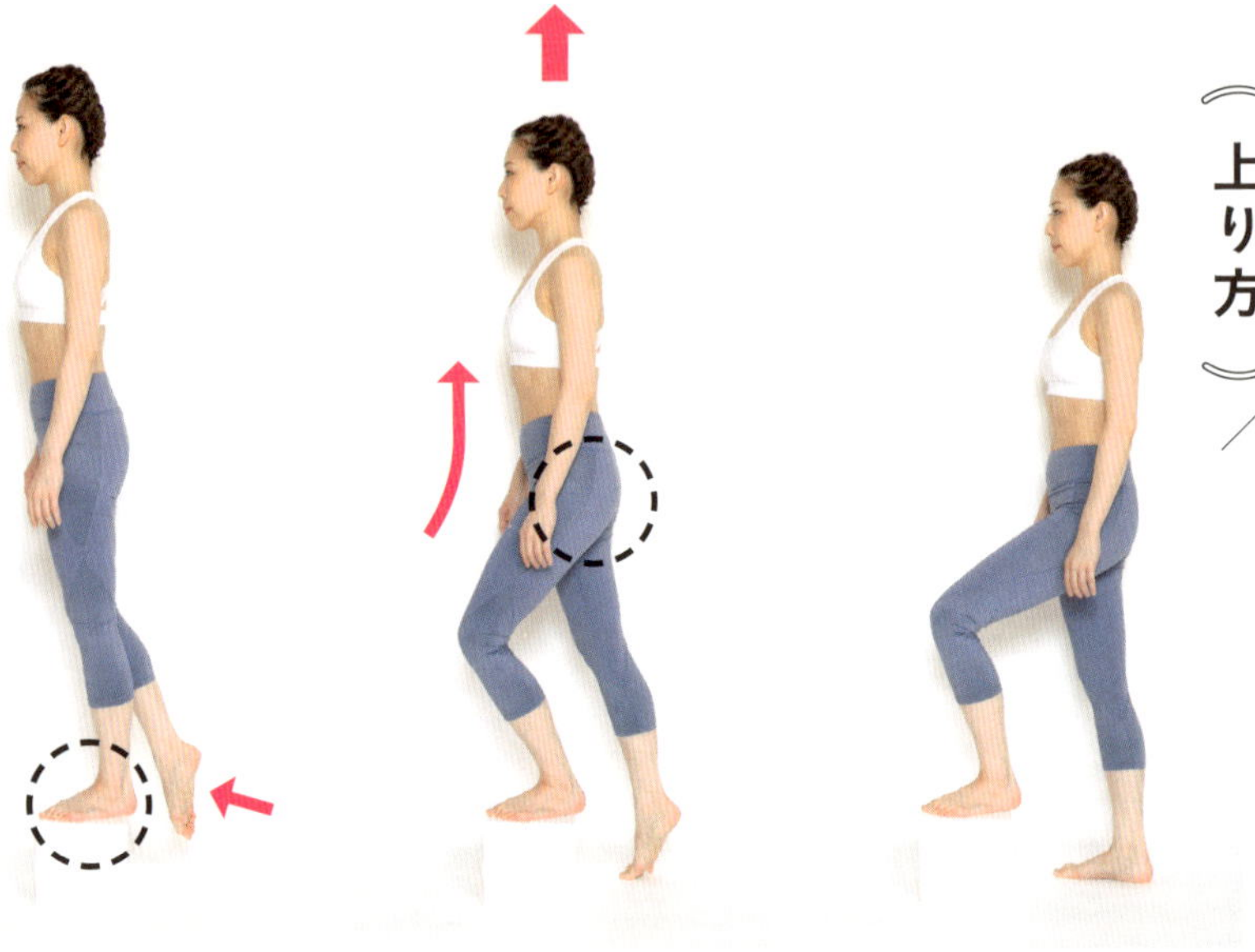

1.

下腹部を引き上げ、背骨を伸ばして、上段に足を乗せる

2.

後ろ足裏の筋肉でかかとを上げると同時に下腹部を引き上げ、前足のお尻下の外旋筋群を縮めて重心を移動

3.

前足への体重移動が完了すると同時に、後ろ足の甲を伸ばし、そのまま前に運ぶ

NG ✕ 両足裏の筋肉が使えないと、下腹部に力が入らず、前ももに力が入りすぎてしまう

下り方

NG ×

足首を曲げたままで
着地すると、
衝撃の吸収がうまくできず、
ゆがみの原因に

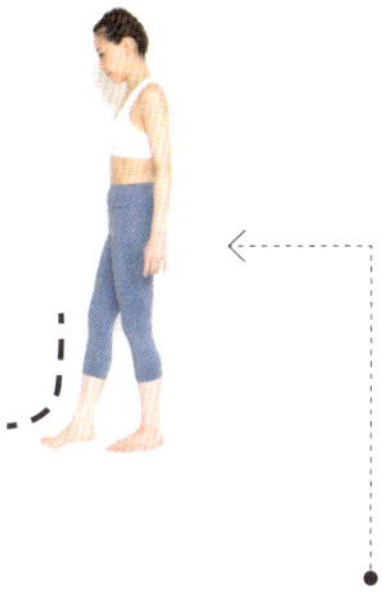

1.
前足の
甲を伸ばして
着地の
準備をする

2.
下腹部を引き上げ、
後ろ足の膝を曲げる
(＝プリエ状態)。
つま先から
下の段に着地する

3.
前足への
体重移動が
完了

4.
次の足を
前に運ぶ際、
足の甲を最大に
伸ばし、
衝撃を吸収

動画をCHECK!

https://youtu.be/sSh0vFP9Vjg

scene 2

イスに座る

現代人は座る時間がかなり長く、それがゆがみや筋肉の衰えの大きな原因となり、下半身太りを招いています。最も大切なポイントは〈5分に一度体勢を変えること〉。同じ姿勢はゆがみを助長します。片脚、もしくは両脚共あぐらをかくなど、環境に応じて体勢を工夫して。

かかとは膝より少し前に出す

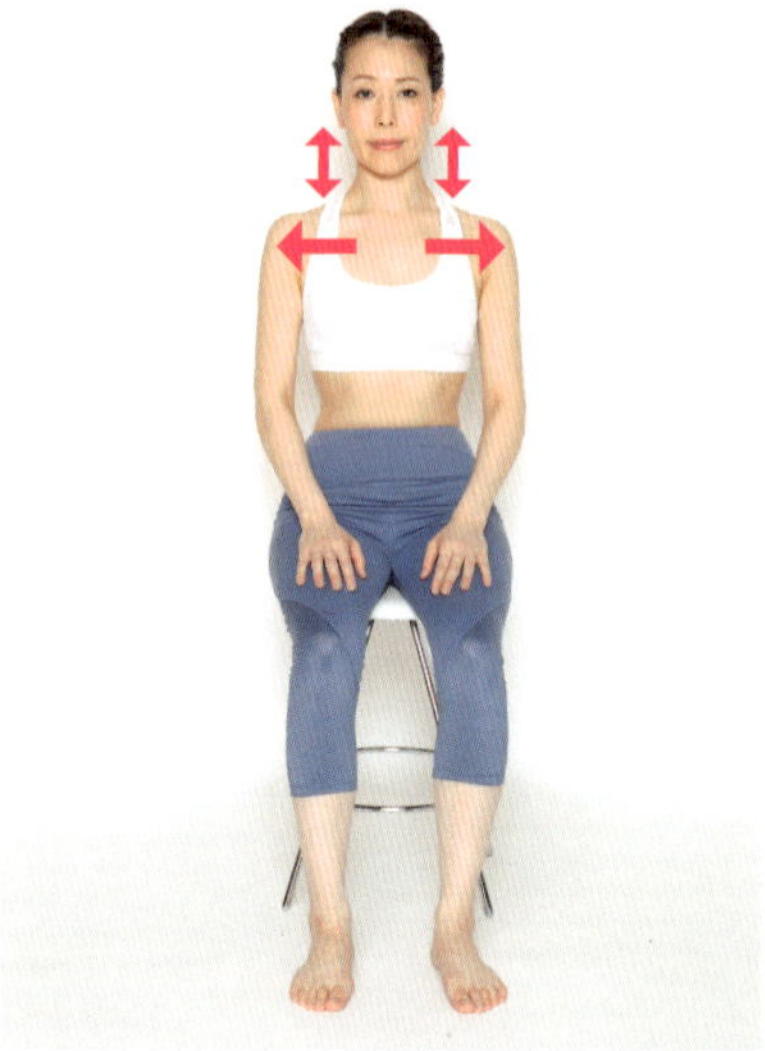

骨盤、膝、つま先は一直線。鎖骨は左右に引っ張り、肩と耳の距離を保つ

《体をゆがませる座り方とは？》

NG ×

背骨が曲がり、背筋と腹筋が使えていない

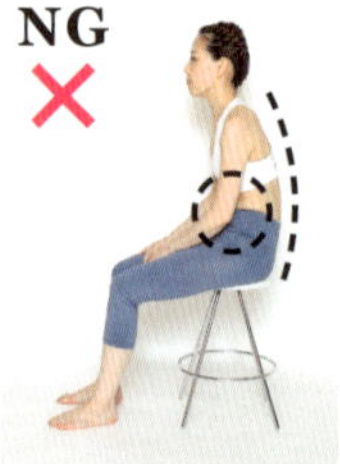

NG ×

かかとが膝より後ろにある。長時間行うとむくみの原因に

NG ×

膝をつけ、内向きになっている

scene

電車で 3

つり革を持つ際のポイントは〈鎖骨〉。
つり革を持った方の肩が上がらないように鎖骨は
左右に引っ張る意識を。また、下腹部を引き上げた上で
肩甲骨を少し下げる意識を持つと◎。

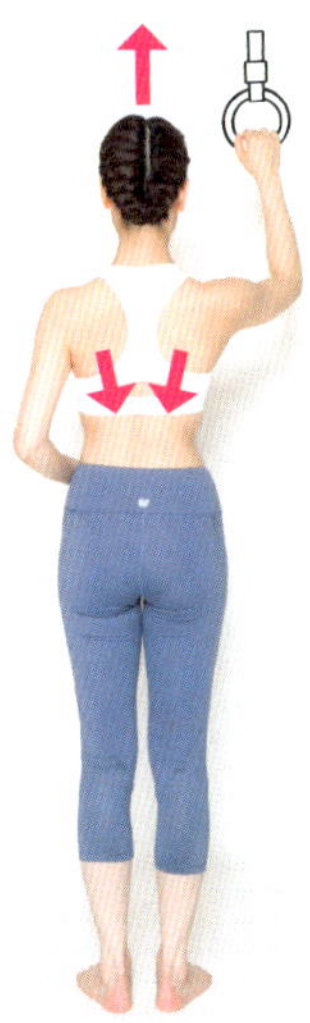

(BACK)
/
矢印の方向に
肩甲骨を下げる

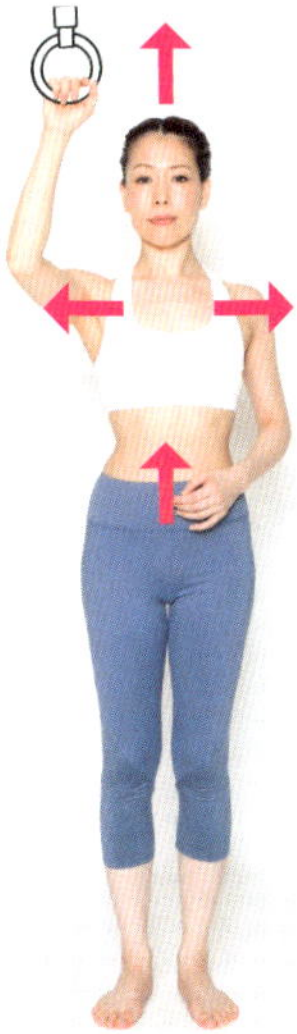

(FRONT)
/
鎖骨を横に引っ張り、
下腹部から
背骨を引き上げる

NG
×

つり革を持っている
肩が上がると、背骨、
肋骨、骨盤がゆがみ、
全身に悪影響を及ぼす

脚は組んでも
いいの？

OK
○

骨盤がまっすぐ
立っていればOK

5分に一度は
脚を組み替えて

NG
×

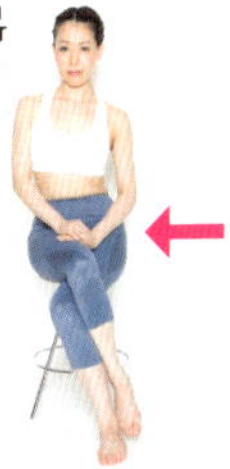

どちらかのお尻に体重がかかり、
肩のラインも崩れる姿勢はNG

座っているときに
ストレッチ

靴が脱げる
環境では、拳を出す
指曲げストレッチを
やってみて

scene 4

タイピングの姿勢

理にかなった身体の使い方をすれば、長時間のデスクワークでも肩こりは起きません。

ポイントは〈鎖骨〉と〈もたれる〉こと。鎖骨を真横に引っ張ると肩の位置はずれません。

背もたれにもたれ、鎖骨を横に引っ張る位置で行えば長時間でも良い姿勢に。

デスクワークが多い人におすすめ

イスにもたれることで、
背骨を支える脊柱起立筋
に過度な負担をかけずに
美姿勢を保てる

骨盤、肩、
耳のラインは
一直線
骨盤の上に
肋骨がある

**鎖骨を真横に引っ張り、肩が
前に出ない位置で両腕を前に出す**

《 PC作業中にやってはいけない姿勢 》

NG
×
鎖骨が縮こまり、
肩がすくんで
背中の筋肉が
働けない状態

NG
×
顎を引きすぎ、
肋骨が骨盤より
前に出ている

scene 5

バッグを持つ

バッグの持ち方が悪く、デコルテがひどく崩れている女性をよく見かけます。
ポイントは〈肘を胴体より前に出さない〉ことと〈手首はどの方向にも曲げず、指先もリラックス〉。
肘が胴体より後ろにあることで背中や二の腕の筋肉が働き、引き締め効果をもたらします。

《 肘がけバッグ 》

(SIDE)　(FRONT)

正しい立ち方で
肘に荷物を掛けたら、
荷物を身体の後ろにして
肘を胴体より後ろへキープ。
手首は力を抜く

NG ✕

バッグが身体の前にあると肘が後ろにキープできず、手首にも力が入り、デコルテが大きく崩れる

《 肩がけバッグ 》

(SIDE)　(FRONT)

正しい立ち方で、下腹部、
背骨を引き上げ、
鎖骨を真横に引っ張る。
手首はまっすぐのまま、
バッグの取っ手の前部分を掴む

NG ✕

バッグの取っ手の上部分を持つと、肘の位置が狂い、肩、肋骨が崩れ、骨盤もゆがむ

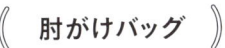

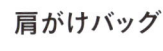

scene 6

睡眠中

人は睡眠時に寝返りをうつことで1日のゆがみを調整しています。特に冬は掛け布団が重くなることで、寝返りをうちづらくなるので軽い羽毛布団を使用するのがおすすめ。仰向けは腰骨がそりやすいため、最も背骨に負担がかからない横向きがベスト。

枕を肩まで当てて首の隙間を埋め、顎は水平よりも少し上に向けて。首の筋肉が緊張せず、シワを防ぎ、気道が通るため息がしやすくなります。膝の間にクッションをいれても◎

scene 7

地べたに座る

女の子座りや横座りなど、膝が内側に向く座り方は股関節がゆがむため、極力控えましょう。正座や体育座りも実は身体によくありません。最も股関節に負担がない座り方は、膝を開いて座るあぐらです。股関節が硬い方は分厚いクッションを使えば楽に座れます。

あぐらが苦手な人におすすめ

専用のクッションを活用するのも手。骨盤が立つ感覚を身体で覚えよう

(SIDE)　(FRONT)

あぐらは骨盤がゆがまない座り方。脚が前後するため、できれば5分に一度は前後を逆にすると◎。できるだけ骨盤を立てると背骨もゆがみにくい

膝を開く、その他の姿勢

片脚を伸ばして座る、立て膝で座るのもOK

scene 8

スマートフォンを見ているとき

小さな画面を長時間覗き込む姿勢は、首のシワを生み、デコルテの崩れをもたらし、全身のゆがみにつながります。簡単なコツは〈視界を広くしてスマホを見る〉です。視界が広い状態とは、鎖骨は真横に引っ張られ、頭が倒れず首を長く保てる体勢です。

立っているときも座っているときも視界を広く！ イスに座ってスマートフォンを見るときは背もたれにもたれ、鎖骨を横に引っ張って。上から見下ろすようにすると、首を長く保てる

いくら首のシワのマッサージケアをしても、このような前かがみの姿勢を直さない限り、改善はしません。

NG ✕
前かがみでスマホを凝視

NG ✕
肩をすぼめてあごを引く

NG ✕
肩甲骨が上がっている

scene 9

洗い物をしているとき

洗い物をする体勢は腰に負担がかかりやすい体勢です。片足を一歩前に出したり、足幅のスタンスを広くとったりする体勢を5分に一度変えていくと負担が軽減できます。足の踏ん張りと下腹部の引き上げの意識を持つとさらに◎。

骨盤と肩を結ぶスクエアはまっすぐ保ったまま片足を一歩前へ。肩はリラックス

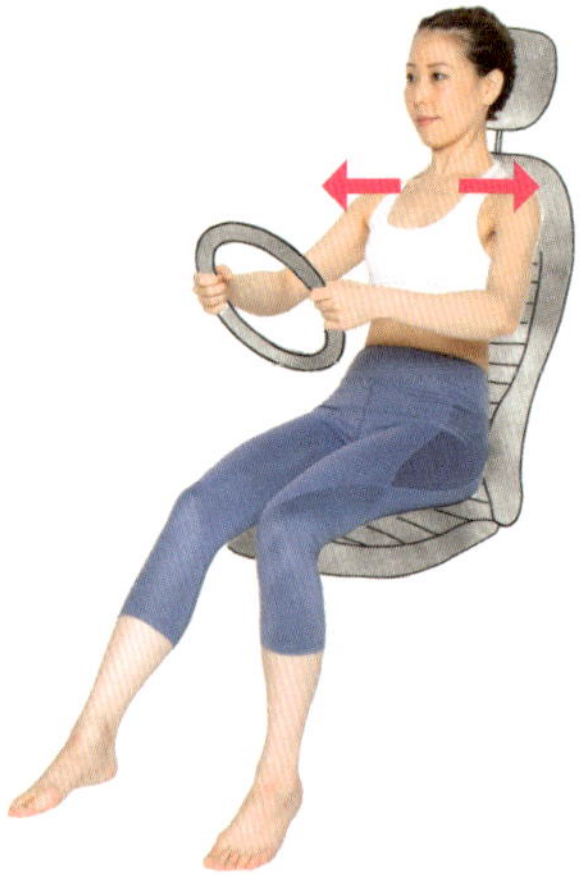

scene 10

運転中

長時間運転する場合は特に、前かがみの姿勢で
運転し続けると下腹部がうまく働かず、骨盤がゆがみ、
内臓も下垂しやすくなります。ポイントは背もたれに肩まで
きちんとつけて、鎖骨を真横に引っ張った状態で
運転できるように、シート位置を調節することです。

**お尻を座席奥につけて座り、
鎖骨を横に引っ張り、
肩を背もたれから離さない**

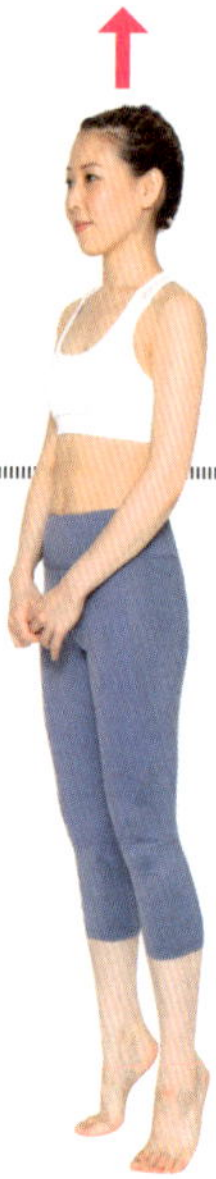

scene 11

《毎日のシーンの中に、エクササイズをプラス》 電車を待つ

ホームで電車を待つ、交差点の信号待ち、エレベーターの中、職場の朝礼中など、
静止して立つときに美脚エクササイズにトライ。超スローモーションで足裏と
下腹部を使ってかかとを高く引き上げていくので、意外と周囲に気づかれない！

**正しく立ち、下腹部を引き上げ、かかとを10秒かけて
ゆっくり真上に引き上げ、甲を最大に伸ばす。
下ろすときも10秒かけて足裏でコントロール**

scene 12

《毎日のシーンの中に、エクササイズをプラス》 入浴中

湯船に浸かっているときは足指のケアがおすすめ。
足指の第1、第2関節も大切な関節ですが、
硬くなっている人が多いです。特にヒールを履くと
硬くなります。関節は曲げるためにあるので、
最大限に曲げたり伸ばしたりして可動域を保ちましょう。

**親指以外の足指をコの字型にしっかり曲げる。
関節が痛いくらい力を入れて曲げてOK。
しっかり曲げると血液が
末端まで循環し、
指先が温かくなるはず**

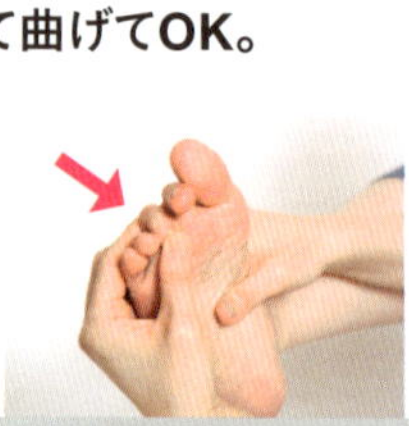

美脚インストラクター

MOMOKO'S RULE

食事は1日2回、
40分以上かけて食べる

身体に意識を向けることが習慣になると腹時計も正確になり、1日活動するのに
3食は多すぎと感じます。一気食い、一気飲みも身体が嫌がるようになります。

好きなときに
好きなだけ食べる

丹田が理解できると、満腹が嫌いになり、空腹に心地よさを感じます。そのため
食事制限をする必要がなく、身体に不要な食べ物は身体が正確に判断してくれます。

呼吸筋で
お通じを促す

下腹部のインナーマッスルのコントロール力が高くなると、お通じの際、
呼吸筋によってぜん動運動を促す感覚が身につき、腹痛のない排便が多くなります。

関節に
制限をかけない服で生活

おしゃれをするとき以外は、いつでも開脚できるような、関節に制限をかけない格好で
過ごし、逆におしゃれをするときは思い切りおしゃれを楽しみます。

イスでもあぐら

自宅や仕事場ではイスに座ったら無意識にあぐらをかきます。
映画館などでも人が少ないときはひざ掛けで隠して片方ずつあぐらをかくことも。

美脚インストラクターの
お気に入り

普段、私が使っているボディにまつわるアイテムをご紹介します。
身体を鍛えたり、守ったり、癒したり、楽しんだりするヒントにしてみて！

BIRKENSTOCK

【ビルケンシュトック】

19歳から徹底して家でも外でもビルケンを履き続けています。冬場はお気に入りのブーツの中にビルケンのインソールを入れることも。そのため足指はとても柔らかく、角質ゼロ。変形もなく、足裏の筋肉もしっかりあります。

Comme il Faut

【コムイルフォー】

おしゃれしたいときは踊れるピンヒールのコムイルフォーを愛用しています。アルゼンチンタンゴのシューズなのでかかとがズレず、ヒールの位置は軸がとれる設計になっています。機能的なのにとても素敵なデザインなのが嬉しいです。

美脚
インストラクターの
靴選び

身体に合った靴選びのポイントは、まず、靴からかかとが外れないこと。また、指と靴の間は1cm 必要なため、かかとが前にずれる靴はNGです。次に、靴底は柔らかいと踏ん張れないため、硬いものを選んで。ビルケンの靴底の硬さを参考に。

BODY CREAM 【ボディクリーム】

実は肌の状態は、身体の疲労度と連動します。肌が乾いたり、荒れたりすることはもちろん、直射日光も体力へのダメージが大きいです。寝る前に全身を保湿して、腹巻をすれば、翌朝は疲労が回復しやすくなり、乾燥肌の方は快便になる場合もあります。

CRIMPED SOCKS & NECK PILLOW

【圧着ソックスと首まくら】

出張に必ず持って行くアイテム。長時間のフライトはどうしても足がかなりむくみますが、圧着ソックスで防止。そして首まくらでフライト中の睡眠をサポートすることで首のゆがみを回避でき、首のシワの予防にもなります。

BEST SMELLING BODY SOAP

【いい香りのボディ石鹸】

ヨーロッパ旅行の帰りの空港でたまたま見つけたHERMESの石鹸。香りがよくて気に入りました。香水は匂いがきつすぎるので苦手ですが、石鹸ならほのかな香りなのでちょうどよく、お風呂中にいい匂いが漂うので癒しにもなります。

CINDERELLA BALL

【シンデレラゴルフボール】

ダイナミックビューティーのロゴが入った私のオリジナルゴルフボールです♪　ピンクのゴルフボールなら、身体づくりもテンション高く、毎日取り組めます。生徒さんたちからも大好評です。HPから購入可能。動画付き。(3970円・税込)　https://pro.form-mailer.jp/fms/53b96f90113994

SCRUB FOR FOOTS

【フットスクラブバー】

お風呂でサッと気軽に角質ケアできるアイテム。でも私の場合、親指の先端が常に地面についているため、かかとではなく親指の角質を除去するためにLirioのスクラブバーを使っています。

おわりに ―身体づくりが必ず成功する考え方について―

このメソッドをきちんと理解していくと、最終的には人と自分を比べても仕方がないということが納得できるようになります。あなたがどれだけ努力しても、美脚で有名な菜々緒さんのようにはなれませんし、一国のバレエ団のトッププリンシパルのような身体にはなれません。周りと自分を比べて悲観したり喜んだりする世界から抜け出し、自分の身体をよくみて、自分の身体でできることに注意を向け、一つずつ改善していくことで、自分の身体の可能性を見出し、その先に奇跡を起こすことができるようになります。それは私がすでに体験したような、今まで見たことのないような自分との出会いです。私はそれを別人と呼べるほどの身体、そして人生であると感じ、一夜でキレイになったシンデレラと重ねました。

誰もが自分の身体を選んで生まれてきた訳ではありません。でも誰もが自分の身体に同意して生きています。そもそも人間とは、トップダンサーやアスリートでさえ、ある意味では全員が身体的な不自由さから逃れることはできません。私たちの予想や願いなどとは関係なく、誰もが自分の身体の中で生きています。私たちは自らの意思で選んでいない以上、だからこそ、与えられた身体でいかに生きていくかを考えるべきと思っています。私は研究を通して、そのようなことを学んできました。その結果、今の身体があり、時には着飾ることを楽しみ、疲れないタフな身体で精一杯働き、この知識を使って人の身体をより自由にする手伝いをし、この知識を伝える活動をしています。

本来、身体づくりとは、終わりなき旅です。自分の身体を知り、身体の扱い方を学び、ちゃんと動かすとどんなことが起きるのか。軸が整う瞬間の体感、ゆがみがとれ、筋肉がきちんと働き、その場所に血液が流れ、老廃物が流れ去り、神経が通うときの気持ち良さ、私はそのような感覚の虜になりながら、自分の身体を自分で育むという過程自体を楽しみ、今も同じ気持ちで取り組んでいます。この本に出会った方には、ただキレイになるというより、身体づくりから得られるこのような喜びも知ってもらいたいと思い、最後に自分の思いを綴りました。

私の思いを形にするため細やかに尽力してくださった編集の荒木奈々さん、私のメソッドを世に広める機会をくださったミライカナイ出版代表の津川晋一さんとスタッフの大濱たえ子さん、今回も細かいニュアンスを的確に表現し、読みやすくデザインしてくださった白水奈緒美さん、いつも私の美を引き出してくれるヘアメイクの成富美智子さん、私の姿を美しく撮ってくださった高嶋佳代さん、そして私のサポートをしてくれる仲間やスタッフを含め、私を信頼し、応援し続けてくれる生徒の皆さんにも心から感謝を申し上げます。

２０１８年９月　吉永桃子

吉永桃子

1983年京都府生まれ。美脚インストラクター。ダイナミックビューティー株式会社代表。19歳から動作の研究を始め、アスリートがお忍びで通う治療家に師事。20歳からは解剖学を理解するため、バレエを始める。その後、整形外科リハビリ部勤務を経て、整体院を開業するも「施術で身体を整える」ことの限界を感じ、ピラティスをマスターするために上京。2013年から正しい動作を指導する美脚インストラクターとして活動する。バレエダンサーのようにしなやかな美ボディと確かな理論に裏付けされたその指導は、パーソナルレッスンの新規受付は現在一年以上待ち、東京・大阪で定期的に開催する美脚セミナーは募集開始から一時間でキャンセル待ちになるほどの人気。

Mirai Kanai

美脚バイブル ―身体の使い方“指南書《トリセツ》”―

2018年10月31日　第一刷発行

著　者　吉永桃子
発行者　津川晋一
発　行　株式会社ミライカナイ
〒104-0054　東京都中央区勝どき1-1-1-A1302
URL:www.miraikanai.com
Mail:info@miraikanai.com
Tel　050-3823-2956(代表)
050-3823-2957(営業)
050-3823-2958(編集)
Fax　050-3737-3375

撮　影　高嶋佳代
デザイン　白水奈緒美
イラスト　坪山新
ヘア&メイク　成富美智子
編　集　荒木奈々

印刷・製本　シナノ書籍印刷(株)